Maria A. Sinning

Wie Schneewittchen im Sarg

Mein Leben mit LongCovid

Impressum

Bibliografische Information der Deutschen
Nationalbibliothek:
Die Deutsche Nationalbibliothek verzeichnet diese
Publikation in der Deutschen Nationalbibliografie; detaillierte
bibliografische Daten sind im Internet über http://dnb.dnb.de
abrufbar.

Herstellung und Verlag: BoD – Books on Demand,
Norderstedt

ISBN: **9783756219964**

VORWORT: WARUM DIESES BUCH?

Das Coronavirus produziert täglich neue Schattenmenschen: Menschen, die nach einer „milden" Coronainfektion eine bleierne Erschöpfung und fehlende Belastbarkeit entwickeln, und die deswegen nur noch eingeschränkt am öffentlichen Leben teilnehmen. Je nach Untersuchung klagen bis zu 40% über anhaltende Beschwerden. Bei 10% scheinen die Probleme das Leben deutlich einzuschränken. Bis zu 2% sind dauerhaft arbeitsunfähig. Sie sind bereits davon erschöpft, morgens aufzustehen, sich anzuziehen und aufs Sofa umzuziehen. Einer dieser Schattenmenschen bin ich.

Wir tauchen in der öffentlichen Wahrnehmung erst langsam auf, . Inzwischen berichten zumindest die Medien deutlich öfter. Logischerweise kommen dabei die zu Wort, deren Kraft immerhin ausreicht, über sich berichten zu lassen. Trotzdem bleibt es schwer, die Krankheit zu verstehen. Denn schon das Berichten darüber ist vielen zu anstrengend. Um wahrgenommen zu werden, müssten wir uns zeigen können. Aber wie soll man eine

Demonstration organisieren, wenn man schon zu erschöpft ist, die Wohnung zu verlassen? Wie soll ein Fernsehteam den eingeschränkten Alltag filmen, wenn die Betroffenen schon rasende Kopfschmerzen entwickeln, während das Kamerateam nur sein Equipment aufbaut? Wir verschwinden aus dem gemeinschaftlichen Leben.

Öffentlich wahrgenommen werden diejenigen, die ins Krankenhaus kommen. Wir kennen die Bilder von Menschen an künstlichen Lungen, und von der schweren Arbeit des Pflegepersonals, diese Patienten regelmäßig umzulagern. LongCovid entsteht aber oft nach „mildem" Verlauf. Die Betroffenen waren nie in einem Krankenhaus, gelten in der Statistik als genesen. Es trifft besonders Menschen zwischen 20 und 50 Jahren. Und bei vielen ist die Krankheit gekommen um zu bleiben. Wir Betroffenen müssen lernen, chronisch krank zu sein, und mit der Krankheit zu leben.

Auch mich hat die Krankheit aus dem Leben gekegelt und für Wochen aufs Sofa verbannt. Aber in ein paar Punkten habe ich es besser getroffen als Hunderttausende andere. Zunächst bin ich verbeamtet. Mich trifft die Krankheit deswegen finanziell weniger, als wenn ich angestellt oder selbständig wäre. Ich habe das Privileg, mich nur mit der Krankheit selbst auseinander setzen zu können. Andere in meiner Situation bekommen nach 6 Wochen Krankengeld oder leiten Betriebe, die inzwischen in Konkurs gehen. Dann habe ich, wenn ich mich ruhig verhalte, meistens keine Schmerzen. Sie kommen erst bei Überlastung, die allerdings früh einsetzt. Vor allem aber habe ich nach sieben Wochen, in denen ich zu gar nichts in der Lage war, eine deutliche Verbesserung erleben dürfen. Das ist den Meisten, die so stark betroffen sind wie ich, nicht vergönnt.

Ich bin immer noch weit weg von gesund, auch wenn ich in der Statistik des RKI als „genesen" geführt werde. Ich bin auch noch weit weg, ernsthaft arbeitsfähig zu sein. Zum jetzigen Zeitpunkt weiß ich noch nicht einmal, ob ich es je wieder sein werde. Weil es mir aber zumindest besser geht, gehöre ich zu den wenigen Schwerbetroffenen, die (wieder) genug Kraft haben zu erzählen.

Ich erzähle von dieser Krankheit stellvertretend für die anderen Betroffenen, die nicht selbst davon erzählen können – weil sie zu schwach sind oder kein Gehör finden. Ein bisschen erzähle ich auch für mich selbst, um die Erfahrungen zu verarbeiten. Vor allem aber erzähle ich für diejenigen, die andere Betroffene kennen und sie nur schwer verstehen können: in der Familie, Partnerinnen und Partner, im Freundeskreis, auf der Arbeit oder als Patient. Es ist schwer, uns Betroffene zu verstehen. Man sieht uns unsere Krankheit nicht an. Und in einer Welt, in der man sich üblicherweise „mal ein bisschen zusammenreißt", ist es nur wenig einsichtig, wieso genau das bei LongCovid nicht gehen soll.

Ich erzähle von dieser Krankheit nicht als medizinisches Fachbuch. Dazu gibt es berufenere Menschen. Medizinische Befunde lasse ich aus, schon allein deswegen, weil ich mindestens die Hälfte davon nicht verstehe. Dieses Buch ist kein Buch mit medizinischen Ratschlägen. Mir geht es um Erfahrungen und Umgang mit der Krankheit. Ich möchte von Gefühlen erzählen, von Verzweiflung und Hoffnung, von Hilflosigkeit und Zuversicht. Wenn ich davon erzähle, was mir hilft, dann haben diese Erzählungen keine Allgemeingültigkeit. Mir geht es viel mehr darum ein Verständnis zu schaffen, wie sich diese Krankheit anfühlt.

In diesem Buch benutze ich für die Krankheit das Wort „LongCovid". Medizinisch vorgesehen wäre das nur für die ersten drei Monate nach der Infektion. Danach ändert sich der Begriff für die gleiche Krankheit zu Post-Covid-Syndrom. „Post" heißt aber „nach", und klingt, als sei die Krankheit vorbei. Der eigentliche Schrecken dieser Krankheit aber ist, dass sie gerade nicht vorbei geht, sondern sich quälend lang hinzieht.

Unsere Symptomatik zwingt uns ein Verhalten auf, das von außen aussieht, als seien wir halt „faul", müssten nur mal „den Hintern hochkriegen" oder müssten mal unsere psychischen Probleme in den Griff bekommen und jeder sei schließlich mal müde.

Gegen dieses Bild anzukämpfen ist manchmal fast so schwer wie der Kampf gegen die Krankheit selbst. Wenn es mir gelingt, mit diesem Buch zu einer anderen Sicht beizutragen, hat sich für mich die Anstrengung gelohnt. Und mit LongCovid ist selbst so ein kleines Buch echte Schwerstarbeit.

Zu mir:

ich bin 51 Jahre alt, weiblich, verheiratet, lebens-
und abenteuerlustig, weiß von keinen
nennenswerten Vorerkrankungen. Ich habe dieses
Buch unter anderem Namen veröffentlicht. Das hat
zwei Gründe: Nicht nur ich, auch alle anderen im
Buch erwähnten Personen wären mit wenigen
Klicks zu googlen. In einer Zeit, in der Menschen
Hassmails und Morddrohungen verschicken, weil
man Corona nicht für eine harmlose Grippe hält,
möchte ich mir und allen anderen im Buch
erwähnten Menschen diese Erfahrung ersparen. Ich
selbst bin dafür noch nicht wieder kräftig genug.
Zweitens: Ich erzähle zwar meine Geschichte, will
aber stellvertretend von Erfahrungen erzählen, die
viele machen: wie fühlt sich „Zusammenbruch"
an, wie wochenlange schwerste Erschöpfung?
Deswegen bin ich als Einzelschicksal nicht
wichtig. Meine Erfahrungen stehen stellvertretend
für die, die Hunderttausende ähnlich machen.

KAPITEL 1: ZEITENWENDE

Mein altes Leben endete am Montag, den 15. November 2021, um 16.30 Uhr.

Genau genommen war die Weichenstellung schon einige Tage früher, als das Virus in mir einen neuen Wirt gefunden hatte. Aber jener Montag Nachmittag war der letzte Augenblick, in dem ich völlig frei und ahnungslos mein Leben genießen konnte.

Am Morgen jenes Montags war meine Frau schon um halb sechs zu einer geführten Busreise nach Spanien aufgebrochen. Keinen Moment zu früh, denn so kam sie um eine Ansteckung herum. Wäre der Bus nur wenig später abgefahren, hätte sie vielleicht den ganzen Reisebus irgendwo in Südspanien in Quarantäne gesetzt.

Ich selbst tat an jenem Montag Morgen das, was ich bis dahin immer montags morgens getan habe: die Küche und das Bad putzen. Meine Frau und ich hassen putzen. Daher haben wir uns strenge Regeln auferlegt, wer wann was zu putzen hat. Unser montäglicher Putzvormittag fühlt sich für uns immer an wie stundenlange Schwerstarbeit.

An jenem Montag aber fühlte es sich besonders ermüdend an. Ich dachte, es liege bestimmt daran, dass ich allein putzen musste. Mittags war ich rechtschaffen müde. Nachmittags beschloss ich, mich einen Moment hinzulegen. Der Moment, bevor ich einschlief, war der letzte Moment meines alten Lebens – der letzte, der nicht von einem kleinen Virus namens SARS-Cov2 bestimmt war.

Als ich wieder aufwachte, hatte ich Gliederschmerzen, Schnupfen und Halsweh.

Viel mehr kam an Symptomen nicht hinzu. Einige Nächte hustete ich vor mich hin und freute mich daran zu wissen, dass ich als Geimpfte ziemlich sicher nicht im Krankenhaus landen würde. Der Leidensweg begann erst deutlich nachdem die Infektionskrankheit abgeklungen war. Zunächst aber galt ich nach 14 Tagen als genesen im Sinne des RKI: 14 Tage nach dem PCR-Test weder im Krankenhaus noch tot. Mehr braucht das RKI nicht, um Menschen für „genesen" zu halten.

Ich selbst hatte mir unter „genesen" etwas anderes vorgestellt, nämlich wiederhergestellt zu sein, wieder so fröhlich und gesund durchs Leben zu gehen wie vorher. Wieder diese Energie und Unternehmenslust zu spüren, die schiere Lebensfreude. Statt dessen schlief ich bis Weihnachten praktisch jede freie Minute ein. Selbst die kürzeste Pause reichte für ein kleines Schläfchen, manchmal mehrmals am Tag.

Bis Weihnachten schleppte ich mich so durch. Zwischen Weihnachten und Neujahr verschlechterte sich mein Zustand noch einmal deutlich. Ich wurde immer weniger belastbar, nach kurzer Anstrengung wurde mir alles viel zu viel. Ich wurde immer geräuschempfindlicher, reagierte auf Ortsveränderungen mit massivem Stress – ein Gefühl, das ich bis dahin überhaupt nicht kannte.

Am 1. Januar klappte ich zusammen. Das war der Moment, in dem ich verstand, dass ich ein ernsthaftes Problem habe.

Weihnachtsshopping

Kurz vor Weihnachten brauchte ich beruflich etwas aus dem Bastelladen. Der steht direkt in der Innenstadt, dort, wo sich mehrere Straßenbahnlinien kreuzen. Ich fuhr mit dem E-Bike, parkte es in der Nähe und machte mich die letzten Schritte über die Kreuzung zu Fuß auf. Es war Montag Mittag. Durch die Absage der Weihnachtsmärkte war verblüffend wenig los. Aber für mich wurde dieser Ausflug in die Stadt eine erste Ahnung in das Entsetzen, das noch kommen würde.

Schon immer ist es mir in unübersichtlichen Situationen schwer gefallen, wichtig von unwichtig zu unterscheiden. Ich kann mich stundenlang in den riesigen französischen Supermärkten verlieren, weil einfach alles meine Aufmerksamkeit erregt. Wir wollen nur schnell Sahne kaufen, aber neben der Sahne steht französische Milch. Die muss man doch auch mal anschauen. Und neben der Milch steht das Mehl und sieht ganz anders aus als bei uns. Also schaue ich mir das Mehl auch noch an. Und wo ich schon beim Betrachten bin, guck ich mir gleich noch alle

Süßigkeiten an, obwohl ich gar kein Zucker esse. Mich springt einfach ausnahmslos alles an. Wegen dieser Eigenschaft meide ich sonst die vorweihnachtliche, überfüllte Innenstadt. Denn dort geht es mir ähnlich. Mir fehlt der Filter, Geräusche und Glitzer nur im Hintergrund wahrzunehmen.

Diesmal aber kam noch etwas dazu. All die Eindrücke, die auch sonst ungefiltert auf mich einprasseln, drangen jetzt sozusagen direkt ins Hirn. Jedes Klingeln der Straßenbahn, jedes Gedudel aus den Geschäften, jedes Rufen von Passanten – ohne Unterschied brüllte es unmittelbar in meinem Kopf. Jede Werbung, jeder Weihnachtsstern, jede Bordsteinkante schrie gleich laut nach Aufmerksamkeit. Alle Sinneseindrücke waren in diesem Moment schreiend laut mitten im Gehirn.

Im Laden herrschte Maskenpflicht. Meine Brille beschlug und hüllte den Laden in sanften Nebel – zum Glück. So waren die Sinneseindrücke etwas abgemildert und ich konnte meine Einkäufe tätigen. Die Maske behielt ich auch hinterher im

Freien auf. Ich setzte sie extra so auf, dass die Brille besonders fest beschlägt. So musste ich nicht so viel wahrnehmen und ich schaffte es noch in die stille Seitenstraße, in der meine Frau und ich uns zum Mittagessen verabredet hatten. Ich schaffte es sogar noch schnell in einen zweiten Laden. Ich dachte mir noch: „wer weiß, wann du wieder fit genug bist, in die Stadt zu fahren?" Es sollte Monate dauern.

Kipppunkt

Was mach ich eigentlich hier, mitten in der Stadt?

Alles viel zu grell, alles macht mich platt.

Alles blitzt und alles blinkt

Durcheinander! Menschenmassen!

Da ist einer, der mir winkt -

Wohin all die Menschen rasen?

Was mach ich eigentlich hier, mitten in der Stadt?

Alles viel zu laut, alles macht mich platt.

Hier nen Bus und da ne Bahn.

Lärm dringt haltlos in mich ein.

Irgendjemand schreit mich an.

Ich steh da und fühl mich klein.

KAPITEL 2:
CORONADIKTATUR

Neujahr

Mit strahlendem Sonnenschein präsentierte sich der erste Tag des neuen Jahres. Wir waren die Tage zuvor etwas mit dem Wohnmobil unterwegs gewesen. Aber anstatt mich zu erholen, wurde ich immer nervöser und immer erschöpfter. Immer schneller fing das Gefühl der Überforderung an - ein Gefühl, das ich bis dahin gar nicht kannte. Ich war gestresst, unangenehm gestresst. Bis dahin war Stress höchstens angenehmer Beschleuniger und Lebenselixier. Unter Stress laufe ich erst richtig warm. Die letzte Sekunde ist die produktivste, um Dinge zu erledigen. Jetzt lasteten Stress und Überforderung bereits auf mir, wenn ich mir nur vorstellte, das Wohnmobil für einen kleinen Stadtspaziergang zu verlassen.

Unser Stellplatz für die Silvesternacht hatte sich als doch nicht so ruhig herausgestellt wie vorher angenommen. So hatten die von den Raketen völlig verängstigten Hunde uns in der Nacht am

Schlafen gehindert. Deshalb dachte ich, ich sei lediglich wegen der Hunde unausgeschlafen.

Wir saßen auf der Trittstufe unseres Wohnmobils, tranken in den ersten Sonnenstrahlen des neuen Jahres Kaffee und überblickten das Tal. Man sah einen Rundweg, er war höchstens drei Kilometer lang. Ein wunderbarer Spaziergang bei schönem Wetter, oder eine nette kleine Runde mit den E-Bikes, bevor wir nach Hause fahren.

Und ich saß auf der Trittstufe und spürte ganz deutlich, dass mir der Weg zu weit wird. Ich wusste das in diesem Moment ganz sicher – und ich habe es mir nicht geglaubt. Ich konnte es mir schlicht nicht vorstellen, dass drei Kilometer mit einem leistungsstarken E-Bike irgendein Problem darstellen könnten. Ich konnte und wollte es mir nicht vorstellen. Es passte nicht in mein Selbstbild als Macherin, die sich auch mal zusammenreißt, und dann klappt das schon. Also nahmen wir die E-Bikes und fuhren los.

Nach Zweidrittel der Strecke spürte ich, wie im ganzen Körper die Nerven zu kribbeln anfingen. Das Gehirn fühlte sich an, als laufe eine Horde Ameisen darauf herum. Jedes Geräusch hörte sich an, als hämmerte es direkt ins Gehirn. Jede Bewegung löste das Gefühl unendlicher Überforderung aus.

Als wir wieder am Wohnmobil waren, legte ich mich ins Bett, zog die Bettdecke über den Kopf, hielt mir die Ohren zu und brach in Tränen aus. Meine bisherige Welt brach mit lautem Getöse über mir zusammen. Auf Zehenspitzen und mucksmäuschenstill machte meine Frau das Wohnmobil startklar. Und doch fand ich, das Wohnmobil schwanke entsetzlich. Es erinnerte mich an den Segeltörn im Studium, als uns im Sturm bei sechs Meter hohen Wellen der Klüverbaum brach. Der Krach, denn der Klüverbaum dabei machte, war leiser als das vorsichtige Geschirrkappern, das meine Frau trotz aller Bemühungen nicht vermeiden konnte.

LongCovid hatte nun die Macht übernommen in meinem Leben, die Coronadiktatur begann. Von jetzt ab entschied nur noch die Krankheit über mein Leben: wann ich aufstand, ob ich heute mal in der Lage war zu denken oder nicht, ob ich was erlebte oder nicht, und ob es sich lohnte, sich anzuziehen oder nicht. Und sie übernahm die Herrschaft über komplett jeden Bereich meines Lebens. Für die nächsten sieben Wochen gab es keine Sekunde, die nicht vollständig von der Krankheit bestimmt war.

Ganz unten

Dünn wie Papier

ist die Schutzschicht zwischen dir und mir.

Jedes Geräusch

dringt in mich ein.

Nichts hält es auf.

Du liebst mich.

Darum setzt du deine Füße

vorsichtig und mit Bedacht.

Und doch dröhnt jeder Schritt

wie das Donnern von Militärstiefeln

auf hartem Pflasterstein.

Lebendig begraben

Die Ärztin schrieb mich für einen Monat krank. In meiner Naivität hatte ich mir diesen Monat in etwa so vorgestellt: Viel schlafen, dazwischen etwas entspannt spazieren gehen, Rad fahren, Klavier spielen, etwas lesen, am Ende des Monats sogar Energie haben, das Arbeitszimmer aufzuräumen. Genau so, vermute ich, ist auch die Vorstellung so einiger Kolleginnen und Kollegen und Bekannten: „Man ist halt irgendwie müde." Schnell stellte sich heraus, dass von diesem Plan nur das Erste umsetzbar war: viel schlafen. Und dazu noch ganz viel ausruhen.

Es war der nächste unserer lästigen Putztage. Ich hatte schon eine halbe Stunde pflichtbewusst so getan, als könnte ich etwas helfen. Da begannen die Nerven wieder zu kribbeln, mir wurde schummrig und schwindlig, und ich sehnte mich ganz plötzlich danach, mich hinzulegen. Auf dem Weg ins Bett bat mich meine Frau, ihr zu helfen, den Wäscheständer ein paar Meter weiter rüber zu stellen. Das reichte, damit ich überfordert, weinend, frierend und zitternd im Bett landete.

Als ich wieder halbwegs ansprechbar war, wurde mir klar: es war Zeit, sich in die Krankheit einzulesen, und herauszubekommen, was ich da eigentlich habe, und was vielleicht helfen kann.

Mein Schnellkurs ergab folgendes:

Wir sind gewohnt, im Krankheitsfall „was zu machen": Tabletten, Kuren, Sport, Übungen, Operationen, irgendwas muss man doch tun können! Bei einigen der über 200 möglichen Symptome von LongCovid ist genau das aber das Verkehrteste, was man tun kann. Dazu gehören die ausgeprägte und anlasslose Erschöpfung und die fehlende Belastbarkeit. Wer bei chronischer Erschöpfung über die Grenze hinaus geht, verschlimmert die Symptome nachhaltig.

Unbedingt zu vermeiden ist der Crash. Also das, was ich am Neujahrsmorgen und beim Putzen erlebt hatte: ein plötzlicher Zusammenbruch, der sich bei mir äußert mit Heulen, Nervenschmerzen, Geräuschüberempfindlichkeit und Verschlimmerung aller Symptome. Jeder Crash macht mehrere Stufen Genesung wieder zunichte. Jeder Crash hilft, die Krankheit chronisch werden zu lassen. Je öfter man diese Crashs erlebt, desto schlechter wird man sie wieder los, und je schlechter sind die Prognosen insgesamt. Also muss man lernen, immer vor dem Crash Pause zu machen.

Das ist einfacher gesagt als getan. Denn so eine Belastungsgrenze ist ein heimtückisches Ding. Sie lauert an Stellen, die man sich beim besten Willen nicht vorstellen kann. Wer vermutet schon, überfordert zu werden, wenn man kurz noch den Wäscheständer mit anpackt?

Bei mir war die Grenze anfangs bereits erreicht, wenn meine Frau mit dem Staubsauger Höllenlärm machte, oder wenn sie fragte, ob sie oder ich Essen machen soll. Die einzige Chance ist, nie auch nur annähernd in die Nähe der Überforderung zu kommen. Was sich als extreme Herausforderung herausstellt, wenn an schlechten Tagen schon Aufstehen und sich Anziehen zum Hochleistungssport zählt.

Das Zauberwort heißt „Pacing", und beschreibt nichts anderes als immer ein bisschen Kraft übrig zu lassen. In meinem Fall hieß das, an schlechten Tagen die Kraft zu sparen, auch mal auf die Toilette zu gehen, mal beim Essenmachen zu helfen, und wenigstens einmal am Tag eine winzige Runde mit den Hunden zu gehen. Bei anderen LongCovid-Erkrankten reicht es nicht einmal dafür.

An sehr guten Tagen reichte es für 7 km mit dem E-Bike, aber nur immer die gleiche Runde. Bereits leicht andere Sinneseindrücke überforderten mich. Und nach so einer Runde brauchte ich meist drei bis vier Tage bis zum nächsten Ausflug. Wenn wir von so einer Tour nach Hause kamen, fror ich entsetzlich. Meine Frau machte mir eine Wärmflasche und legte noch eine dritte Wolldecke über mich. Trotzdem fror ich oft stundenlang. Und wenn die Kälte wich, schwitzte ich statt dessen.

Dazu kam eine extreme Geräuschempfindlichkeit. Das Ticken der Wanduhr konnte klingen, als wenn jemand im Hirn mit dem Presslufthammer arbeitet. Wir besorgten mir gute Ohrstöpsel, und obendrüber kam noch ein Gehörschutz wie Bauarbeiter ihn tragen. So gönne ich mir bis heute manchmal akustische Auszeiten. Allerdings nur vorübergehend, denn ich muss den Ohren Geräusche auch zumuten, sonst verschlechtert sich die Überempfindlichkeit.

Bei einem Beinbruch weiß man, was man hat. Auf dem Röntgenbild sieht man den Bruch, und Ärzte wissen, was zu tun ist. Bei LongCovid ist das anders. Jede Forschungsgruppe hat ihre eigene Idee, woher die Beschwerden kommen. Hat das Hirn Schaden genommen? Kommt das Immunsystem nicht mehr zur Ruhe? Sind Reste des Virus noch im Körper? Oder Kombinationen davon? Noch kann die Krankheit nicht erklärt werden. Daher kann sie auch nicht geheilt werden, nur einige Symptome gelindert.

Von den 200 einzelnen Symptomen wollen einige also strikt geschont werden. Dummerweise hätten andere ganz gern etwas Training, das Atmen zum Beispiel. Und so pendel ich ständig hin und her:

wegen der einen Sorte Symptome tue ich zu viel und wegen der anderen Sorte zu wenig. Wobei es jedenfalls mir deutlich schwerer fällt zu wenig zu tun als zu viel

Man muss lernen, seine Grenzen nie auszutesten, immer unter den momentanen Möglichkeiten zu bleiben. Es ist wie bei einer Bergwanderung, auf der man glaubt, einen Gipfel erreichen zu können. Trotzdem muss man lernen, auf halber Höhe zu übernachten. Geht man an seine Grenzen, purzelt man statt dessen den ganzen Berg wieder herunter und beginnt seinen Aufstieg von vorne – allerdings nun mit Blessuren.

Da alle Betroffenen ihre eigenen Belastungsgrenzen haben, muss jede betroffene Person ihre momentane Grenze selbst kennen lernen. Und nun lag ich also auf dem Sofa und sollte akzeptieren, dass das Tagwerk eigentlich schon erfüllt ist, wenn ich vom Bett aufs Sofa umgezogen bin, atmete und Mahlzeiten eingenommen habe. Es war zunächst einmal ein riesiger Kampf mit meinem eigenen Selbstbild. Bis dahin dachte ich, man könne sich einfach mal ein bisschen zusammen reißen und dann gehe alles.

Die ersten sieben Wochen des neuen Jahres hatte meine Leben nicht viel Aufregendes zu bieten. Hätte man es verfilmen wollen, wäre so einer der Filme herausgekommen, die nachts auf „Arte" laufen, in denen minutenlang gar nichts passiert, und die immer gleichen Bilder nicht einmal mit Filmmusik untermalt sind. Denn Musik war mir ja zu laut.

Nur alle paar Tage hätte man die ein oder andere Situation halbwegs spannend inszenieren können, nämlich immer dann, wenn ich mal das Haus verlassen habe, etwa, um die Minirunde mit dem Fahrrad zu fahren. In James-Bond-Filmen gibt es oft die Szene, in der James Bond in letzte Sekunde eine Bombe entschärft. Bei 007 Sekunden vor der Detonation gelingt ihm die Entschärfung. Für mich war die Frage: „schaffe ich es, vor dem Crash mit Ohrschonern auf dem Sofa zu liegen und die Augen geschlossen zu haben oder nicht?" Auch das war manches Mal eine Frage von Sekunden.

Und jede noch so kleine Bemerkung meiner Frau hätte gereicht, den Crash doch noch auszulösen.

Es ist ein Leben wie im Schnewittchensarg. Durch den Glasdeckel kann man dunkel die Welt da draußen erahnen. Aber man liegt im Sarg, bewegungslos, das Gehirn umnebelt und nicht in der Lage, einen klaren Gedanken zu fassen. Man ist unfähig, sich zu befreien.

Und dann verschwindet man aus dem öffentlichen Leben, wird unsichtbar. Nur ganz nahe Menschen bekommen mit, wie es einem wirklich geht. Alle anderen sehen und hören nichts mehr von einem. Dazu fehlt die Kraft.

Nebel

Du legst dich wie Schatten

auf meine Gedanken,

wickelst mein Leben fest in dein graues
Tuch.

Nur von fern winken mir zu

     Abenteuerlust

     Lebenskraft

     Überschwang

     Schaffensdrang

     Tatendurst

Nebel, wann gibst du mich frei?

Versiegte Kraftquellen

Im Haus meiner Eltern stand ein Klavier. Meine Mutter spielte darauf abends manchmal klassische Musik. Der Freund meines Vaters ließ Jazz hören. Und meine Tante sang zu ihrem Klavierspiel Lieder wie: „Geben Sie dem Mann am Klavier noch ein Bier". Ich fand alles drei gut und träumte mein Leben lang davon, irgendwann auch einmal Klavier spielen zu können.

Mit Mitte Vierzig habe ich diesen Traum begonnen wahrzumachen. Ich habe mir ein Klavier gekauft, Unterricht genommen, und von diesem Moment an jede freie Minute am Klavier verbracht. In epischer Breite und mit leuchtenden Augen habe ich jedem erzählt, wie das Klavier ins Haus kam, und wie ich nach fünf Jahren einen neuen Hocker fürs Klavier kaufen wollte und statt dessen das Klavier gegen einen noch besseren Flügel eingetauscht habe.

Mit Hilfe des Klaviers habe ich neue Seiten an mir entdeckt. Als fröhlicher Mensch half mir die Musik, auch mal der Trauer Raum zu geben. Jeden

Abend vor dem Schlafengehen saß ich noch ein halbes Stündchen am Klavier und verarbeitete den Tag musikalisch.

Dann kam LongCovid.

Von einem Tag auf den anderen wurde mir die Musik zu laut. Hatte ich gerade erst den Flügel gekauft, um lauter spielen zu können, war ich plötzlich froh, dass er auch besonders leise spielen kann. Ganz leise und mit Ohrstöpsel war sein Klang wenige Minuten zu ertragen.

Als ich Geräusche wieder etwas besser aushalten konnte, begrenzte mich der Schwindel. Nach kurzer Zeit musste ich meinen Kopf wieder irgendwo anlehnen.

Und als der Schwindel besser wurde, merkte ich, dass ich mich nicht lange konzentrieren kann. Das war mir wegen des Schwindels bis dahin gar nicht recht aufgefallen.

Sicher gibt es schlimmere Leiden als eine Zeitlang keine Musik machen zu können. Aber LongCovid nimmt nicht nur die Musik. Es nimmt schlicht alles, woraus wir Kraft schöpfen: ein Plausch mit der Nachbarin – zu anstrengend. Ausflüge – in weiter Ferne. Ein Besuch im Restaurant – viel zu viele Menschen. Über Wochen hinweg war ich sogar zu benebelt, Kraft aus dem Glauben zu ziehen. Wirklich dramatisch wird die Erschöpfung, weil sie schlicht alles nimmt, was dem Leben Sinn, Halt und Kraft gibt.

Wer bin ich?

In 50 Lebensjahren habe ich, wie jeder andere Mensch auch, eine unverwechselbare Persönlichkeit entwickelt. Ich habe mir Werte erarbeitet, nach denen ich zu handeln versuche. Ich habe Eigenschaften gepflegt, die ich besonders mag, wie meine Lebenslust. Andere habe ich nicht wirklich ausgebildet, den Ordnungssinn zum Beispiel. Ich habe mir ein buntes Sammelsurium an Hobbys zusammengesucht, denen ich in unterschiedlicher Intensität fröne. Ich habe einen Beruf gewählt, den ich liebe, und umgebe mich mit Menschen, die mir wichtig sind. Ich bin ein gläubiger Mensch, und zu diesem Glauben gehört, dass Gott weiß, was er tut, und dass das, was er tut, zu meinem Heil ist.

Und von einem Tag auf den anderen fällt praktisch alles davon weg. Zwar habe ich meine Werte noch, aber ich kann nicht nach ihnen handeln, denn ich handle gar nicht mehr. Ich liege erschöpft auf dem Sofa.

An Hobbys ist nicht zu denken. Aufs Lesen kann ich mich nicht konzentrieren. Da mir immer schwindlig ist, muss ich meinen Kopf irgendwo anlehnen. In der Körperhaltung kann man nicht einmal ein Puzzle lösen. Spazieren gehen ist nach 300 Metern schon zu anstrengend.

Die Freundinnen und Freunde, die meiner Seele gut täten, sind meinen Ohren zu laut, meinem Kopf zu kompliziert, meinem Körper zu anstrengend.

Mein Glaube lebte bisher auch von Gemeinschaft. Jetzt fehlt meiner Seele diese Gemeinschaft. Der Körper aber würde zusammenbrechen, wenn ich es versuchte.

Was bleibt von uns, wenn praktisch alles wegbricht, was uns ausmacht? Wer sind wir, wenn wir jede Selbstwirksamkeit verlieren? Der Kopf kann kaum denken und der Körper sich kaum bewegen. Nichts bleibt vom alten Leben. Welche Möglichkeiten gibt es, dabei positiv in die Welt zu schauen?

Alarmstufe Rot

Das Stoppschild ist rot und die Ampel zeigt mit rot, dass nichts mehr geht. Und dankenswerterweise ist „rot" ein sehr kurzes Wort, nicht wie Flieder-Lavendel-Farbe. Rot kann man deswegen noch relativ lange sagen, auch wenn man gerade dabei ist zusammen zu klappen. Deswegen brachte ich meiner Frau bei: „wenn ich „rot" sage, dann geht gar nichts mehr. Und gar nichts ist genau so gemeint. Selbst wenn das Haus abbrennt, bitte ich dich, alles allein zu entscheiden, was du für uns retten willst, und wie du mich gegebenenfalls aus dem Feuer holst."

Als es mir bereits besser ging, begann der Ukrainekrieg, und Millionen Menschen waren plötzlich auf der Flucht. Und mir wurde klar, dass ich bei „Alarmstufe rot" nicht hätte mein Leben retten können.

„Alarmstufe rot" war fast jedes Mal, wenn etwas anstrengender war als Schlafen, Essen und Ausruhen: nach jeder kleinsten E-Bike-Runde, zu der wir vielleicht einmal in der Woche aufbrachen;

nach einem Arztbesuch; wenn ich es mal kurz auf den Wochenmarkt schaffte. Meine Kraft reichte dann noch, aufs Sofa zu liegen und Ohrschutz anzulegen. Es war ein großer Tag, als ich nach einer solchen „Anstrengung" zum ersten Mal selbst in die Küche gegangen bin um mir eine Wärmflasche zu richten, bevor ich auf dem Sofa eine lange Pause gemacht habe.

Als echtes Waldorfkind wollte ich meiner Frau natürlich gern noch mehr Farben beibringen: Orange für „bitte nur stören, wenn es echt wirklich richtig doll wichtig ist" und Gelb für „eigentlich ist es mir grad zu viel, aber wenn es sehr wichtig ist, dann sag es halt". Genügend Abstufungen an Verzweiflung hätte ich für jede Farbe des Regenbogens gehabt. Aber meine Frau wollte davon nichts wissen. Sie fand, „rot" reiche ihr, und „fast rot" verstehe sie auch. Hat sie auch. Sie hat mir bei „rot" eine Wärmflasche gemacht, mir eine dritte Wolldecke übergelegt und mich ansonsten zwei Stunden in Ruhe gelassen. Das war das Beste, was sie tun konnte.

Paartherapie für Kopf und Körper

Mein Verhältnis zu Krankheit und Gesundheit ist von lebhaften Diskussionen geprägt, die meine Mutter und mein Bruder an der Familientafel zu führen pflegten. Meine Mutter versorgte uns mit Begeisterung mit homöopathischen Kügelchen und ausgependelten Bachblüten und vertraute auf praktisch jedes alternative Heilverfahren. Mein Bruder, angehender Naturwissenschaftler, bespöttelte all das, fragte nach Studien und Evidenz. Er rechnete uns vor, dass in den meisten homöopathischen Kügelchen gar kein Wirkstoff mehr enthalten ist, und fragte, warum sich Kopfschmerzen von Nadeln im Fuß beeindrucken lassen sollten.

So hat mich beides geprägt: das Vertrauen meiner Mutter, dass es mehr gibt zwischen Himmel und Erde, als wir beweisen können, und die Selbstverständlichkeit meines Bruders, Kopfschmerzen im Ernstfall lieber mit schwerem Geschütz zu vergiften, als mühselig andere Wege zu gehen.

Nun aber habe ich LongCovid, und es gibt noch kein Gift, mit dem man bleierne Müdigkeit und den kompletten Ausfall der Belastbarkeit zu Leibe rücken kann. Das schaffte den Raum, es auf andere Weise zu versuchen.

So kam ich zur Shiatsu-Behandlung. Für meinen Kopf stellte sich die Sache zunächst so dar: Man liegt auf dem Boden, jemand drückt nach einem nur ihm oder ihr zugängigen System auf dir herum, bewegt mal den Arm und mal das Bein und behauptet hinterher, das sei gut für den Nieren-Meridian. Und das soll helfen?

Mein Körper aber fand: „Das bringt Energieflüsse in Gang! Energie! Erinnerst du dich, Kopf? Da gab es doch mal diese Kraft, die einen antrieb! Was haben wir schon zu verlieren? Und „rumliegen" kriegen sogar wir noch hin!"

Diese anfängliche Vorstellung war natürlich meiner vollkommenen Unkenntnis der Sachlage geschuldet. Vor allem wird beim Shiatsu, so habe ich mir erklären lasen, gar nicht mit Druck gearbeitet. Statt dessen geht es um ein „sanftes Einsinken". In der Welt des Shiatsu, so habe ich gelernt, ist „Druck" die unangenehme, zu feste Berührung. In jahrelangem Training geht es darum, „drücken" von „sanft einsinken" zu unterscheiden. Wenn ich trotzdem weiter von „drücken" rede, liegt das nicht daran, dass die Therapeutin was falsch macht, sondern weil ich mich mit diesem Wort viel leichter passiv beschreiben kann: „ich werde gedrückt" klingt irgendwie stimmiger als „ich werde sanft eingesunken".

Meine Frau, die Shiatsu quasi mit in die Ehe gebracht hat, bekam also den Auftrag, eine Therapeutin zu finden. Die musste zwei Anforderungen entsprechen: Meine Frau fand, sie solle eine gute Ausbildung haben, was immer das bei Shiatsu heißt. Und ich fand, sie soll nicht weiter als 5km entfernt praktizieren, und auf dem Weg dahin soll man möglichst wenig Menschen treffen und wenig Verkehr sein. Nicht, dass der Weg dorthin mich schon vollständig überfordert. Und ich wollte die Möglichkeit haben, mich irgendwann nicht mehr fahren lassen zu müssen, sondern selbst mit dem E-Bike hinfahren.

Seit Ende Januar gehe ich alle ein bis zwei Wochen zum Shiatsu. Meine Aufgabe besteht darin, auf dem Boden zu liegen. Das war für Wochen das einzige Erlebnis, das mich nicht überforderte. Ich nenne diese Stunde zärtlich „Paartherapie für Kopf und Körper".

Was meine ich damit?

LongCovid ist ein Krankheitsbild der extrem unterschiedlichen Geschwindigkeiten, zumindest wenn man – wie ich – mit Erschöpfung und extremer Belastungsstörung zu kämpfen hat. Während gegen diese beiden noch nichts anderes hilft, als sich der Belastungsgrenze nicht einmal annähernd zu nähern, werden andere Teile in mir nervös. Die Lunge will trainiert werden, die Muskeln wollen nicht abbauen, der Kopf will sich mit irgendetwas beschäftigen, die Seele will andere Menschen treffen. Deswegen fühle ich mich oft innerlich zerrissen. Jeder Teil in mir möchte etwas anderes. Einem Teil geht alles nicht schnell genug, einem anderen viel zu schnell. Ein

Teil ist kein bisschen ausgelastet, ein anderer vollkommen überlastet. Und alle sind voneinander genervt.

Als ich mit Shiatsu anfing, war der Kopf zumindest etwas lebendiger als der Körper. Das bisschen Verstand, das sich trotz Kopfnebels lebendig meldet, fühlte sich in einem Körper gefangen, der den ganzen Tag auf dem Sofa liegt. „Lebendig begraben" schwirrte mir in dieser Zeit regelmäßig durch den Kopf. Und der Körper fühlte sich gedrängt und gehetzt, mehr zu tun, als er kann.

Wie es sich für eine Paartherapie gehört, erlebe ich beim Shiatsu, dass Kopf und Körper sich wieder gegenseitig zuhören. In dieser einen Stunde Shiatsu in der Woche erleben sich Kopf und Körper mal nicht gegenseitig als Störfaktor. Statt dessen hören sie sich zu und achten auch auf die Leiden des anderen. Erst beim Shiatsu fiel mir auf, dass ich meinen Körper im Grunde kaum noch spürte. Es war, als lebe ich in einer Barbiepuppe. Die „Drückerei" auf dem Körper tut mir gut, auch unabhängig davon, ob mein kritischer Geist mit dem Konzept von Meridianen etwas anfangen kann oder nicht. Das Bein spürt sich, und das Gehirn ist ein Stündchen mit Verarbeiten der Reize beschäftigt. Es muss also nicht darüber nachdenken, was werden soll, wenn es den Rest des Lebens mit Kopfnebel in einer Barbiepuppe gefangen ist. Dazu ist es mit einer Aufgabe beschäftigt, die es bewältigen kann. Für ein Gehirn, das seit LongCovid sogar mit den Vorabend-Krimis überfordert ist, eine gute Erfahrung. Und dem Körper tut es ebenfalls gut, mitzubekommen, dass er noch etwas fühlen kann. Einmal meinte ich hinterher: „es fühlt sich an, als liegen nur noch fünf statt sechs Meter Schnee über mir." Von außen mag das kein großer Unterschied sein. Aber für mich war er groß genug, vor Glück fast zu weinen. Ein anderes Mal stellte ich nach der Therapie verblüfft fest, dass ich ja Hände habe, und die auch spüren kann. Ebenso überrascht war ich, als ich mich zum ersten Mal seit LongCovid in meinem Körper „zuhause" gefühlt habe.

Im Laufe der Zeit verändert sich mein Gesamtzustand. Je besser es dem Körper geht, desto mehr gerät der Kopf ins Hintertreffen. Plötzlich ist wieder Kapazität frei zu merken, dass ich mich nicht konzentrieren kann. Dann muss der Körper auf den Geist Rücksicht nehmen. Wenn sich aber der Kopf wieder ein wenig besser konzentrieren kann, begrenzt mich die Belastungsstörung. So bin ich z.B. schon überfordert, wenn überraschend Besuch vor der Tür steht. Immer sind Teile in mir, die drängeln, und solche, denen alles zu schnell geht. Oft komme ich unausgeglichen ins Shiatsu. Mal überwiegt die erschöpfte, überforderte und verzweifelte Seite, mal die euphorische. Wenn ich die Praxisräume verlasse, dann ist „Gesund-werden" wieder ein gemeinsames Projekt von allen Teilen in mir. Das hilft mir, damit klar zu kommen, dass LongCovid eine extrem langsame Krankheit ist.

Wenn ich für jede Idee anderer Menschen, was ich denn noch alles für meine Gesundheit tun könnte, fünf Euro bekäme, hätte ich bald für den Rest des Lebens finanziell ausgesorgt. Wer krank ist, muss etwas tun, um gesund zu werden. Zu diesem Facharzt, zu jener Fachärztin, jeder hat einen Tipp. So gehört es sich. Ich aber bräuchte viel dringender Menschen, die mich beim Bremsen unterstützen. Mir das Recht zugestehen, langsam zu sein. Das bisschen Energie, das ich habe, wachsen und sich festigen lassen, anstatt es sofort für irgendetwas aufzubrauchen und damit auszureißen. Shiatsu ist da genau das Richtige, da es von mir nur verlangt, körperlich anwesend zu sein. Ich „tue" etwas für meine Gesundheit und bremse mich gleichzeitig aus.

Und noch etwas ist wichtig. Für Fatigue und Erschöpfungssyndrom kennen wir noch keine Heilung. Von Ärzteseite bekommt man daher meist nur ratlose Reaktionen: „an der Lunge liegt's nicht!", „das Herz scheint in Ordnung zu sein", „neurologisch kann ich nichts messen". Das, was die Beschwerden auslöst, ist medizinisch mit unseren bisherigen Methoden (noch) nicht nachweisbar. Daher sind Arztbesuche eher belastend, weil sie einen sehr hilflos zurück lassen. Psychotherapie wäre ebenfalls mehr Be- als Entlastung, weil schon das Setting zu anstrengend wäre. Für eine Stunde Gespräch über das Elend dieser Krankheit reicht weder meine Konzentration, noch meine körperlichen Kräfte, noch meine Belastbarkeit. Die „klassischen" medizinischen und therapeutischen Ansätze rauben mir Kräfte. Die Not der Krankheit mache ich daher mit mir selbst aus – und mit den Menschen, die mir besonders nahe sind. Das sind aber genau die Menschen, die sowieso schon rund um die Uhr von der Krankheit belastet sind. Schon allein die Tatsache, dass sich einmal in der Woche jemand anderes mit meinem kranken Körper beschäftigt, und das auch noch ohne mich zu überfordern, entlastet mich in höchstem Maße.

Atemübung mit Piepstängel

Ein Elefant wohnte auf meiner Brust, - jedenfalls fühlte es sich so an. Ein Druck, und damit verbunden das Gefühl zu ersticken und nicht genug Sauerstoff zu bekommen. So als atme ich zwar, aber es habe keine Wirkung. Der Atem komme nicht dort an, wo er hin soll.

Nach kurzer Internetrecherche war klar: damit bin ich nicht allein! Oft liegt es daran, dass man während der eigentlichen Akutphase der Krankheit eine unentdeckte Lungenentzündung hatte, die eine Art Schonatmung ausgelöst hat, also letztlich eine falsche Atemtechnik.

Und es gibt Atemübungen. Sie alle laufen darauf hinaus, einerseits wieder tief in den Bauchraum zu atmen, und andererseits auch wieder tief auszuatmen.

Das war der Moment, als ich ausgestiegen bin.

Noch vor Kurzem war ich ein lebenslustiger, fröhlicher Mensch. Ich war für jedes Abenteuer zu haben, liebte Unternehmungen und Abwechslung, war neugierig und lernte gern neue Dinge kennen. Und jetzt sollte ich auf dem Sofa liegen und beim Atmen zählen, um länger aus- als einzuatmen?

Reichte es nicht, dass die Krankheit mir praktisch jede Lebensäußerung genommen hatte? Ich schlief elf Stunden täglich und ruhte mich zusätzlich elf Stunden aus. War das nicht hart genug? Sollte ich jetzt auch noch das letzte Selbstverständliche – das Atmen – üben? Ich war nicht bereit, dieses letzte Bisschen Selbstbestimmung aufzugeben.

Das musste anders gehen!

Ausatmen, beschloss ich, kann ich auch beim Flötespielen. Wenn es mir dreimal am Tag gelingt, gute drei Minuten zu spielen, habe ich wenigstens diese zehn Minuten Atemübungen mit Spaß gemacht.

Also suchte ich zusammen, was ich an Blockflöten im Haus hatte, meine eigene, und das Sammelsurium, das ich von meiner Mutter geerbt habe. Keine der Flöten war eingespielt, alle seit Jahren nicht benutzt, und keine war noch zu retten. Alle hatten in den Jahren im Schrank so sehr gelitten, dass sie nur noch Erinnerungswert haben. Der Plan, bei den Atemübungen Spaß zu haben, drohte daran zu scheitern, dass die Blockflöten keinen schönen Klang mehr hatten und mein musikalisches Ohr beleidigten.

Es war ein Montag Anfang Februar. Es ging mir morgens so gut wie schon lange nicht mehr. Also rief ich im größten Musikinstrumentengeschäft der Stadt an und sagte: „Ich brauche eine Altblockflöte. Aber ich bin krank, und kann daher diesem Kauf exakt 30 Minuten widmen. Dann muss ich mit einer Flöte den Laden verlassen. Ich komme um zehn Uhr. Können Sie dann bitte bereits alle Flöten in folgendem Preissegment in einem Proberaum zurecht gelegt haben?"

Pünktlich um zehn betrat ich den Laden. Meine Frau kam mit, in einer Mischung aus Freude, mal etwas mit mir zu unternehmen, und Angst, dass ich es allein nicht zurück schaffen könnte. Der Verkäufer hatte Flöten bereit gelegt, allerdings nur von einem Hersteller. Ich war mit keiner so richtig zufrieden. Also suchte ich den Verkäufer in den Untiefen des zu meinem Glück sehr leeren Ladens und bat um die Flöten der beiden anderen großen Hersteller. Er kam und brachte neue Flöten mit, wieder nur von einem der beiden noch fehlenden Hersteller. Inzwischen fingen die Arme schon an zu zittern, ein sicheres Zeichen, dass sich der Crash näherte. Wenn ich den Laden mit einer Flöte verlassen wollte, war Eile geboten. Eine Flöte wollte ich noch ausprobieren: die aus Buchsbaum von der dritten Firma. Ich suchte den Verkäufer. Die Zeit rannte.

Endlich brachte er die letzte Flöte. Ich blies den ersten Ton. Meine Frau und ich schauten uns überrascht an: Was für ein toller Klang! Die Flöte war's! Jetzt nur noch schnell bezahlen!

Der Musikladen gehört zu der altmodischen Sorte, in dem Rechnungen noch umständlich mit der Schreibmaschine getippt werden, mit dreifachem

Durchschlag. Gerade, als ich meine Frau bitten wollte, für mich zu bezahlen, damit ich schon mal vorfahren kann, war die Rechnung fertig. Schnell noch bezahlen und ab nach Hause!

Es reichte grade. Kaum zuhause, ließ ich mich aufs Sofa fallen, Ohrschützer auf und Augen zu. Bis mir wieder warm war, war der Mittag lang vorbei. Für viele Wochen war das das größte Abenteuer des Jahres. In Erinnerung geblieben ist mir die Geschichte als Akt des Widerstands gegen die Krankheit. Auf die Minute genau hatte ich meine Kräfte berechnet und ausgenutzt. Und ich hatte der Krankheit das Recht abgesprochen, mein ganzes Leben zu bestimmen.

Die Flöte und ich sind gute Freundinnen geworden. Eine Blockflöte muss man erst einspielen, darf sie lange Zeit nur wenige Minuten spielen. Ich fand das ganz sympathisch, dass auch sie – wie ich – schnell erschöpft ist. Inzwischen spiele ich wieder recht ordentlich und habe mich sogar schon mit dem Nachbarn verabredet, irgendwann einmal im Duett zu spielen. Die Shiatsu-Therapeutin kommentierte meine

Erzählung vom Flötenspielen lachend mit „Krankheit als Chance!". Wenn ich mal wieder gesund bin, kann ich bei den Fortgeschrittenen mitspielen.

Der Elefant wohnt inzwischen irgendwo anders, nicht mehr auf meiner Brust. Statt dessen macht sich dort gelegentlich ein Bernhardiner breit – immer dann, wenn ich etwas Anstrengendes erlebe. Denn dann vergesse ich vor Aufregung das richtige Atmen. Das Atmen ist also noch nicht „gut", aber auf jeden Fall besser als der Elefant auf der Brust. Und zähneknirschend muss ich zugeben, dass ich trotz allem auch „normale" Atemübungen mache. Sie helfen. Leider.

Diszipliniertes Nichtstun

„Ist das psychisch?", werde ich manchmal gefragt. Oder: „kann man da nicht in eine psychosomatische Klinik gehen?" Abgesehen davon, dass ich in einer psychosomatischen Klinik schon überfordert wäre, wenn ich mit fremden Menschen in fremder Umgebung dreimal am Tag eine Mahlzeit einnehmen sollte – ich höre bei dieser Frage immer ein gewisses Misstrauen mit, ob ich mich nicht doch anstelle. Nicht mehr können, da muss man sich eben zusammenreißen. Man muss mal den inneren Schweinehund überwinden! Seine Probleme in den Griff kriegen! „Nicht-mehr-können" ist in unserer Gesellschaft nicht vorgesehen. Da muss man dran arbeiten, und das muss man mit Disziplin ändern.

Vermutlich schwappt allen, denen man eine Krankheit nicht ansieht, diese Haltung entgegen. Und bestimmt ist sie für psychisch und psychosomatisch Erkrankte genauso belastend und unangemessen wie für mich. Aber es gibt entscheidende Unterschiede.

Während bei einigen psychischen und psychosomatischen Erkrankungen eine gewisse Aktivierung tatsächlich helfen kann, ist sie bei Fatigue und Belastungsstörung vorerst genau das Verkehrte. Wir kennen noch keine Wege der Heilung. Aber die Wahrscheinlichkeit, seine Symptome gar nicht mehr loszuwerden, wenn man „sich zusammenreißt" und damit über die Grenzen hinaus geht, ist beim momentanen Stand der Dinge extrem hoch. Bis es Hilfen gibt, bleibt nur, sich nicht einmal in die Nähe der Belastungsgrenze heranzuwagen.

Vielleicht wissen wir eines Tages, wie wir diese Krankheit heilen können. Bis dahin gehört aber „sich zusammenreißen" ganz sicher nicht dazu. Deswegen sind die Vorschläge, in eine psychische oder psychosomatische Klinik zu gehen, im Moment noch wenig hilfreich. Es sei denn, diese Klinik kennt sich zufällig extrem gut mit LongCovid aus. Bisher versucht das medizinische und therapeutische Personal in psychosomatischen Kliniken, die Hilfesuchenden zu aktivieren. Wir bräuchten aber eher Hilfen beim Bremsen.

Wir wissen noch nicht, woher LongCovid kommt. Vielleicht werden eines Tages psychische Ursachen erforscht, vielleicht körperliche, vielleicht auch beides zusammen. Mir wäre es egal, so lange wir eines Tages Hilfe finden – und bis dahin aus den Köpfen verschwinde, wir müssten nur mehr wollen. Denn genau das ist jedenfalls bei den Menschen mit LongCovid, die ich kenne, nicht der Fall – im Gegenteil. Die Meisten wollen selbst zu viel, und schaffen es nicht, sich zu bremsen.

Für mich kann ich sagen, dass das disziplinierte Nichtstun die deutlich größere Aufgabe ist als „sich zusammenzureißen", eine Aufgabe zu übernehmen, und dann zu crashen. Ich gehörte bis zur Krankheit zu den Menschen, die gern von einem Extrem ins andere fallen. Es machte mir nichts aus, wenn es Zeiten gab, in denen es viel zu tun gab. Im Gegenteil! So lange es auch Zeiten gab, in denen ich faul alle Viere von mir strecken konnte, gehörten Stresszeiten zu meinem Lebenselixier. Und Dinge, die mir Spaß machen, passten immer noch irgendwie dazwischen. „Schnell noch mal" eine kleine Extraaufgabe zu übernehmen, machte mir Spaß.

Jetzt stelle ich fest: gesundheitliche Fortschritte mache ich ausschließlich dann, wenn ich streng darauf achte, die Grenzen nicht mehr auszureizen. Ich finde das oft deutlich schwieriger als zu Kleinigkeiten doch „ja" sagen, auch wenn ich hinterher erschöpft bin. Jetzt muss ich „nein" sagen, auch wenn ich eigentlich Lust auf etwas habe – deutlich bevor ich die Belastungsgrenze spüre. Denn wenn ich die Grenze spüre, war es zu viel, und ich bin Tage später noch erschöpft.

Ich habe beide Varianten ausprobiert: mich „zusammenzureißen" und mich strikt zu schonen. Die Schonung bringt mich, wenn auch langsam, gesundheitlich voran. Aber sie erfordert viel mehr Disziplin und Selbstbeherrschung als „sich zusammenreißen". Jeden Tag neu muss man vor anderen zugeben, dass man etwas nicht kann, muss die eigene Schwäche preisgeben, muss zugeben, dass man überlastet und kurz vor dem Heulkrampf ist. Bis wir einen geeigneteren Weg zur Linderung gefunden haben, wäre vielen LongCovid-Patienten mehr geholfen, wenn ihr Umfeld und die Ärzteschaft sie zum Bremsen animierten.

Viele hören im Freundeskreis oder in der Arztpraxis, diese Beschwerden seien „nur" psychisch. Ich frage mich dann immer, was „nur" heißen soll. Es suggeriert, psychische Leiden seien weniger schlimm als ein Beinbruch. Welches Zeichen setzen wir damit an alle psychisch Kranken, wenn wir ihre Beschwerden als „nur" psychisch ansehen?

Vielleicht kommt eines Tages tatsächlich raus, dass LongCovid eine psychische Erkrankung ist. Ich selbst glaube zwar nicht dran, dass sich innerhalb von zwei Jahren eine psychische Krankheit entwickeln kann, die Hunderttausende direkt nach einer Virusinfektion befällt. Aber sei es drum. Sollte sich herausstellen, dass LongCovid eine psychische oder psychosomatische Krankheit ist, dann muss auch sie behandelt werden wie andere psychische oder psychosomatische Krankheiten auch: mit Therapien, Kuren, Medikamenten. Auch psychische Krankheiten werden inzwischen, Gott sei Dank, ernst genommen und therapiert. Die Rede davon, unsere Beschwerden seien „nur" psychisch, klingen nach

Ausrede: Wir Kranken sind selbst schuld, und die Gesellschaft braucht sich nicht zu kümmern.

KAPITEL 3:
ANDERE MENSCHEN

Meine Frau

Nicht jeder kann das Glück haben, bei LongCovid von so einer wunderbaren Frau begleitet zu werden, wie ich eine habe. Dabei habe ich mich manchmal gefragt, ob sie nicht vielleicht doch den schwierigeren Teil erwischt hat. Denn während ich die meisten Stunden des Tages irgendwie verdöse, und oft gar nicht mitbekomme, was um mich herum passiert, muss sie sich das ganze Elend ansehen. Sie sieht die dicken Ränder unter den Augen, sieht mich vor Kälte zittern und sieht den Crash. Und während ich halbwegs einschätzen lerne, wie lange es dauert, bis es mir wieder besser geht, hat sie keine Kriterien, nach denen sie entscheiden kann, ob es nur „schlimm" oder „extrem schlimm" ist.

Einmal meinte ich zu ihr, wie dankbar ich sei, dass sie mir die Krankheit immer geglaubt hat. Sie fand das keine besondere Heldenleistung und meinte nur: „du musst dich mal sehen, wenn es dir schlecht geht!" In der Tat hat sie das allen anderen

Menschen voraus. Und ich beneide sie nicht darum.

Sie macht sehr viel richtig. Und die seltenen Male, in denen es anders ist, ist sie mit der Krankheit genauso überfordert wie ich. Wie sollte sie auch nicht? Ob anderen genau das Gleiche gut tut wie mir, weiß ich nicht. Aber vielleicht können meine Bespiele eine Anregung sein, darüber ins Gespräch zu kommen, wie eine gute Begleitung aussehen kann?

- So lange ich regelmäßig zusammenklappte oder nur um Sekunden daran vorbei schrappte, hat sie nur geschaut, ob ich alles habe, und hat mich zwei Stunden allein gelassen. Alles andere hätte mich gänzlich überfordert. Aber das muss man auch erst einmal hinbekommen, sich in der Situation nicht(!) zu kümmern.

- Sie hat in diesem Jahr vermutlich extreme Fortschritte in ihrem Spanischkurs gemacht. Denn sie hat akzeptiert, dass ich nur wenige Momente am Tag ernsthaft mit ihr Zeit verbringen kann, und ist Spanisch-Hausaufgaben machen gegangen. Sie hat was gelernt, und mich hat's entlastet. So hatte ich wenigstens nicht ununterbrochen das Gefühl, dass meine Krankheit nicht nur mir, sondern auch ihr das Leben verdirbt.

- Da mein Gedächtnis gelitten hat, schreibt sie mir, wenn sie das Haus verlässt, einen Zettel, wo sie ist. Das hat sie mir zwar auch schon zwei- bis dreimal erzählt. Aber ich vergesse es manchmal trotzdem. Sie redet nicht lang darüber, wie vergesslich ich bin. Statt dessen hilft sie mir, die Situation zu bewerkstelligen, wenn ich keine Ahnung mehr hab, wo sie eigentlich ist. Dadurch gibt sie mir in einer hilflosen Situation einen Rest Würde zurück.

- Wenn ich Kraft für einen kleinen Ausflug habe, kommt sie einfach nur mit. Sie drängt mich nicht, einen größeren oder kleineren Bogen zu fahren. Sie richtet uns Kaffee und eine Vesperdose. Und dann sitzen wir zusammen auf der Parkbank auf der anderen Seite des Sees, keinen Kilometer entfernt von zuhause. Ich bin total erschöpft. Die Nachbarn kommen vorbei und schauen uns irritiert an, warum wir quasi direkt vor der Haustür vespern. Und meine Frau strahlt aus, wir täten gerade das Normalste von der Welt.

- Als es mir wieder besser ging, ist sie immer mal wieder kleine Touren mit dem Wohnmobil fortgefahren. Je weiter sie fährt, desto stolzer bin ich: auf sie, dass sie mir wieder zutraut, ohne sie klar zu kommen, und auf mich, weil es stimmt!

Ich habe sie gefragt, welche fünf Ratschläge sie anderen betroffenen Partnern und Partnerinnen geben würde. Ihre spontane Antwort war:

1. Geduld

2. Geduld

3. Geduld

4. Geduld

5. Geduld

Sie hat dann aber nochmal über die Frage nachgedacht und Folgendes zu Papier gebracht:

Und was kann ich als Angehörige tun?

Die Antwort ist einfach:

NICHTS und ALLES

Und was muss ich mitbringen? -

GEDULD und LANGMUT

LongCovid passt nicht in unsere Gesellschaft, die darauf ausgelegt ist schnellstmöglich wieder einsatzfähig zu sein. Dieses „Schneller-Höher-Weiter", Drohnen, die Pakete bringen sollen, selbstfahrende Autos, mehr Umsatz, mehr Gewinn – all das wird lächerlich im Angesicht dieser Folge-Krankheit nach einer Covid19 Infektion.

Gedanken gehen einem durch den Kopf. Müsste sie sich nicht einfach nur zusammen reißen? Einmal den Hintern hochkriegen! Und nur wollen! Hier zu verstehen, dass der Mensch einfach nicht kann. Zwar möchte und will, aber sie kann nicht. Eine Kleinigkeit, um die man bittet, führt zu einem Zusammenbruch. Dies zu sehen, und auch zu erkennen und zu akzeptieren, muss erst gelernt werden. Aber wenn man dann den geliebten Menschen mit Geräusch mindernden Kopfhörern, zusätzlich mit Ohrenstöpseln und einer Schlafmaske unter drei Decken immer noch frierend liegen sieht, dann kommt man nicht daran vorbei zu erkennen: SIE KANN NICHT!

Das kann man nicht spielen, das hält auch kein gesunder Mensch über Wochen aus.

Und was ist jetzt meine Aufgabe?

    Akzeptieren, dass nichts geht.

    das eigene Leben weiter leben,

    da sein, wenn ich gebraucht werde,

    nicht viel oder nur das Nötigste fragen,

    und letztendlich das gemeinsame Leben übernehmen - dazu gehört auch, für die Nahrungsaufnahme zu sorgen.

Mit zum Schwierigsten gehört, sich selbst dabei weiterhin zu sehen und sich nicht aufzugeben. Die Menschen im Umfeld, die die Zusammenbrüche nicht sehen, und damit auch nicht verstehen, warum die Erkrankte denn nicht endlich wieder arbeitet. Ich kann es verstehen, das Umfeld sieht es ja nicht. Hier muss ich immer wieder schildern, erklären, erklären. Damit die Mitmenschen es sich ein wenig vorstellen können. Aber auch das kostet mich Kraft und Energie und Geduld.

Und dann – hurra! – es wird in Trippelschritten besser. Man kann ja jetzt wieder ... Doch halt nein! Sobald ein klein wenig zu viel geschieht, fällt sie wieder um Tage zurück. Muss sich nach einer Stunde Aktivität wieder für Tage erholen. Zu erkennen: „weniger ist mehr und führt besser zum Ziel" das ist gefragt. Denn dann kommt es nicht zu diesen Rückfällen.

*Auch muss man zulassen die eigene
Verzweiflung zu fühlen, anzunehmen, im
besten Falle auch in einem Gespräch mit
ihr zu formulieren. Ohne Vorwurf, zu
zeigen: „ich bin auch da und leide
darunter. Ich habe mir diese Wochen und
Monate auch anders vorgestellt." Hier ist
es wichtig, immer wieder aufs Neue, jeden
Tag, manchmal jede Stunde, die Situation
neu anzunehmen. Auch einmal zurück
schauen. Sehen: „jetzt geht DAS schon,
DAS war vor zwei Monaten noch nicht
denkbar." Dann wird im Vergleich zu
damals aus einer Kleinigkeit plötzlich sehr
viel. Denn damals konnte man sich nicht
vorstellen, dass eben diese Kleinigkeit
jemals wieder möglich werden würde.*

*Außerdem gibt es noch die Unsicherheit
beim der Frage: „Was geschieht, wenn ich
mich im Laden, bei einer Veranstaltung
anstecke und das Virus nach Hause
bringe? Sie sich dann bei mir ansteckt?
Wird es dann für sie wieder schlimmer?
Wer kümmert sich?" Die täglichen
Nachrichten von den sogenannten*

*Genesenen aushalten, zu denen auch meine
Frau gehört, und sie liegt während dessen
erschöpft von einer Stunde Videokonferenz
auf dem Sofa. Warum sieht keiner diesen
riesigen Berg Menschen, die aus dem
Leben fallen? Dann hurra, wir lockern!
Alles wird wieder normal. Und die, die mit
LongCovid nicht mehr am Leben
teilnehmen können? Deren Angehörige?
Die Zahlen gehen geschätzt an die Million.
Auch die Angehörigen katapultiert diese
Krankheit, die bisher nur wenige als solche
wahrnehmen, aus dem Leben.*

*Die komplette Zukunftsplanung ist auf den
Kopf gestellt. Wird sie wieder ganz
gesund? Vielleicht nur zu 50% berufsfähig,
oder muss sie gar in Frührente? Mit den
geschilderten Einschränkungen? Ohne zu
wissen, was jemals wieder möglich sein
wird? Die Planung einer Urlaubsreise,
auch nur eines Ausfluges, wird zum großen
Fragezeichen. Denn wo ist die Grenze des
Machbaren?*

*Ja, fünf Mal Geduld habe ich spontan
gesagt. Aber es braucht mehr: Langmut,
Liebe, Vertrauen, Flexibilität, positiv
bleiben, - und Geduld - das braucht es.*

Gute Freunde

Freundschaft ist ein gegenseitiges Geben und Nehmen – üblicherweise. Sie ist gemeinsam verbrachte Zeit, Zuhören und Erzählen, gemeinsames Lachen und Weinen, die Bereitschaft füreinander einzustehen.

Ich gebe nicht mehr viel. Am Tag verfüge ich über wenige Minuten, die ich nicht dafür brauche, auszuruhen oder mich selbst zu versorgen. Nehmen mag ich auch nicht viel. Zeit oder gar Kraft zum Zuhören bleibt dabei kaum. Und was könnte ich schon erzählen? Ob ich eine halbe Stunde früher oder später vom Bett aufs Sofa umgezogen bin als gestern? Bis ich das nächste Mal für jemanden einstehen kann, werden noch Wochen oder Monate vergehen. Ich kann meinen Teil des gegenseitigen Gebens und Nehmens nicht erfüllen. Und die meiste Zeit des Tages bin ich froh, wenn Freunde ihren mir gegenüber auch nicht erfüllen wollen.

Aber jeden Tag gibt es auch die kurzen, klaren Momente, in denen es gut tut, Freunde zu haben, die diese Krankheit mit mir aushalten. Wenn ich eines Tages wieder in der Lage bin, auch meinen Teil zu Freundschaften beizutragen, werden neue Menschen zu meinen Freunden und Freundinnen gehören. Sie haben Wege gefunden, mir ihre Verbundenheit zu zeigen, ohne mich gleichzeitig zu überfordern. Sie stehen plötzlich mit Blumen vor der Tür, schwätzen zehn Minuten mit mir und gehen dann wieder. Die Blumen erinnern mich daran, dass Menschen mich mit ihren Gedanken und Gebeten begleiten. Einmal hat unser Büro einen Blumenstrauß per Post geschickt. Ein paar Kollegen und Kolleginnen haben mir per Hand eine Genesungskarte geschickt. Ein Kollege ruft regelmäßig für fünf Minuten an – und verabschiedet sich, ehe es anstrengend wird. Mich stärken Zuwendungen, die ich in meinem eigenen Tempo bearbeiten kann. Ein lieber Gruß per Post oder Mail freut die Seele sofort, man kann ihn aber beantworten, wann immer die Kraft reicht. All diese Kleinigkeiten haben mir das Gefühl gegeben, noch etwas dazu zu gehören, nicht vollständig aus dem Leben zu verschwinden.

Einmal kam eine Freundin mit ihrem Mann zu Besuch. Sie stellten ihr Kind vor, das im Herbst geboren wurde. Meine Seele hat sich darüber sehr gefreut: die drei als Familie zu sehen, neues Leben zu sehen, sich mal mit etwas anderem zu beschäftigen als mit Krankheit. Noch Tagelang zehrte die Seele von diesem kurzen Besuch. Der Rest von mir war mit dem Besuch überfordert. Die Stunde war laut, ich konnte kaum der Unterhaltung folgen, es waren mir zu viele Eindrücke auf einmal. Dass Dinge gleichzeitig gut tun und vollkommen überfordern, kannte ich bis dahin nicht. Bei anderen Krankheiten kommt das, was die Seele glücklich macht, auch der Heilung zu Gute.

Bei diesem Besuch sah die Freundin mein Strickzeug liegen. Gelegentlich reichte die Kraft zum Stricken. So hat mir die Krankheit zumindest ein paar neue Wollsocken im Kleiderschrank eingebracht. Die Freundin erzählte, dass sie ihrem Sohn Stulpen stricken wollte, aber nicht mehr so genau wisse, wie stricken ginge, und auch sonst nicht dazu käme. Also bot ich an, die Stulpen zu stricken und wir nahmen Maß. Während ich in den kommenden zwei Tagen die kleinen Stulpen strickte, fiel mir auf: Das war seit LongCovid das erste Mal, dass ich etwas Nützliches für jemand anderes tat. Auch das gehört zur Krankheit, dass man sich nicht hilfreich für andere einbringen kann. Dummerweise hatte ich die Freundin so verstanden, dass sie nur nicht mehr weiß, wie man strickt. Deswegen hab ihr die Stulpen vorbeibringen lassen, bevor ich die Fäden vernäht habe. Ich dachte, bis ich die Stopfnadel gefunden hätte, sei womöglich schon Frühling, und der Bub braucht keine Stulpen mehr. Und nächstes Jahr sind sie ja zu klein. Ich dachte, vernähen könne sie die Fäden ja selbst. Später kam raus, dass sie auch das nicht mehr so genau wusste. Nun weiß ich gar nicht, ob ihr Sohn die Stulpen überhaupt tragen konnte oder nicht. Aber vielleicht zählt ja auch die Geste?

Tipps für gute Freunden

- Glauben Sie die Symptome. Sie stimmen. Und sie sind furchtbar.

- Niemand gibt gern zu, dass er oder sie nicht mehr kann. Gehen Sie eher von Unter- als von Übertreibung aus.

- Wenn sich ein lieber Mensch wegen LongCovid zurück zieht, ist das nicht gegen Sie persönlich gerichtet. Im Gegenteil. Ihr Freund/ ihre Freundin würde sich unglaublich gern mit Ihnen treffen wie früher – wenn es denn ginge!

- Halten Sie Kontakt auf eine Weise, die nicht überfordert: Schicken Sie mal Blumen vorbei oder eine Karte. Schreiben Sie nur: „ich denke an dich" und nicht „schreib mir doch auch mal!"

- Übernehmen Sie lieber die Rolle des Bremsers als des Antreibers. Die meisten von uns tun eher zu viel als zu wenig. Wenn Sie etwas zusammen unternehmen, dann fragen Sie vorher nach, wie viel sich der Freund/die Freundin zutraut. Und machen Sie dann nur 70% davon.

Die Übrigen

Wir haben im Garten eine windgeschützte, sonnenbeschienene Terrasse. Schon ab Februar kann man, eingehüllt in einen Schlafsack, die ersten Sonnenstrahlen genießen. Mitte März bin ich deswegen braungebrannt. Nun sieht man die tiefdunklen Ränder unter den Augen nicht mehr. Ich sehe wunderbar erholt aus.

Wenn ich das Haus verlasse, habe ich dafür vorher extra Kraft gesammelt. Schließlich möchte ich es ja auch wieder zurück schaffen. Wer mich dann trifft und fragt, wie es mir geht, hört von mir etwas anderes als er sieht. Er sieht mich in „Tagesbestform" und hört, was ich von den anderen 23 Stunden des Tages erzähle. Gleichzeitig sieht er: „braun gebrannt und fit". Ich kann es ihnen nicht verübeln, dass sie sich nicht annähernd vorstellen können, was diese Krankheit heißt.

Dass ich nach dem Einkauf auf dem Wochenmarkt manchmal stundenlang erschöpft auf dem Sofa liege, sieht nur meine Frau. Daher macht es auf andere oft mehr Eindruck, wenn meine Frau erzählt, als wenn ich selbst erzähle. Sie berichtet von den Dingen, die nicht einmal ich sehe: wie ich kreidebleich mit dicken Rändern unter den Augen vor Kälte zitternd mit Ohrschützern auf dem Sofa schlafe.

Neulich, als es mir schon besser ging, besuchte uns spontan eine alte Bekannte. Wir haben sie Jahre nicht gesehen. Sie fragte natürlich, wie es uns so geht, und was wir so tun. Und ich antwortete ihr, indem ich kurz von LongCovid erzählte: dass ich nach spätestens einer Stunde erschöpft bin und eine Pause brauche, dass ich mich nicht konzentrieren kann, dass ich nicht arbeiten kann deswegen… Als ich fertig war, fragte sie: „und außerdem? Was macht ihr so neben der Krankheit?" Dass es „neben der Krankheit" nichts mehr gibt, konnte sie nicht verstehen. Dass ich jedes „neben der Krankheit" einplanen muss, meine Kräfte dafür einteilen und aufsparen muss, war jenseits ihrer Vorstellungskraft. Nach einer halben Stunde verabschiedete ich mich aus der Runde mit den Worten: „ich möchte nachher noch mit zum Einkaufen. Das schaffe ich nur, wenn ich mich jetzt noch etwas hinlege." Ich habe selten in ein verblüffteres Gesicht gesehen. Und ganz sicher denkt sie, dass ich irgendwie überempfindlich bin.

KAPITEL 3: LEBENSHUNGER

Talsohle

Inzwischen waren sechs Wochen vergangen. In sechs Wochen könnte man bequem mit dem Fahrrad die Donau entlang fahren, von der Quelle bis Wien inklusive Sightseeing. In sechs Wochen könnte man in einer kleinen Sprachschule in Südfrankreich seine Französischkenntnisse von B1 auf B2 heben. Man könnte mit dem Wohnmobil weit kommen, weite Teile des Jakobswegs pilgern.

Ich hingegen war überlastet, wenn ich die Haustür verließ. Die sieben Kilometer langen Touren mit dem E-Bike bezahlte ich mit zwei Tagen vollkommener Erschöpfung. Auf den Wochenmarkt radeln war ein Tagewerk. Wann immer ich das Haus verließ, bei der Rückkehr fror ich für Stunden. Mittags schon liefen alte Gerichtsshows im Fernsehen. Sie sind platt genug, dass sogar ich der Handlung folgen kann. Und es ist nicht weiter schlimm, wenn man währenddessen einschläft und die Auflösung verpasst.

Nun aber stand „Friseur" in meinem Kalender. Es stand da noch aus dem letzten Jahr, und immer wieder hatte ich mich gefragt, ob ich nicht absagen soll. Der Termin lag auf einen Dienstag früh, deswegen bin ich hingegangen. Montags hat die Friseurin geschlossen. Ich hätte also schon Freitag vorher absagen müssen. Aber darauf war ich mit meinem benebelten Hirn nicht gekommen.

Unsere Friseurin braucht immer exakt 30 Minuten, egal wie oft das Telefon inzwischen klingelt, wie viele Kaffees sie ihren Kundinnen nebenbei kocht, und wie viele Zigarettenpausen sie macht. Nach 15 Minuten wurde es mir schon zu anstrengend. Es fehlte nicht viel, und ich hätte angefangen zu weinen. Nach 20 Minuten wollte ich nur noch nach Hause. Nach 25 Minuten fragte die Friseurin, ob sie die eine Stelle noch mal nachschneiden solle. Ich brachte noch ein hilfloses: „Nein, nein, geht schon." heraus. Sie sah mich an und meinte: „Ich hätte Ihnen irgendwas schneiden können. Sie wollen nur noch nach Hause, oder?". Sie hatte Recht.

Die nächsten zwei Stunden verbrachte ich auf dem Sofa, mit Hörschutz, drei Decken und einer Wärmflasche. Diese zwei Stunden brauchte ich, vom vollkommenen Stress- und Panikmodus zurück in den schweren Erschöpfungsmodus zurück zu wechseln, der zwei Tage anhielt.

In den nächsten zwei Tagen ging mir die Bilanz meiner Krankenzeit immer wieder durch den Kopf. Seit sechs Wochen vermied ich schon jede Überlastung und bezahlte jeden kleinen Ausrutscher mit deutlichen, teils tagelangen Rückschritten. Und alles, was ich erreicht hatte, war, nach einem Friseurbesuch nur noch zwei statt vier Stunden zu frieren – mit drei Wolldecken und einer Wärmflasche.

Ich entschied, einen Versuch zu unternehmen. Sollte er die Situation verschlechtern, kam es auf das bisschen Lebensqualität, das mir geblieben war, auch nicht mehr an. Das Ganze begann mit einem Youtube-Video. Eines Tages hatte der Algorithmus beschlossen, ich interessiere mich bestimmt dafür, dass andere Leute im beginnenden Frühling zum Heilfasten gingen. Und es interessierte mich tatsächlich. In der Studienzeit hatte ich hie und da gefastet, und es hatte mir genau die beiden Dinge gebracht, die jetzt fehlten: mehr Energie und einen wacheren Geist.

Ich durchforstete also die „Youtube-Universität", ob schon vor mir jemand auf die Idee gekommen sei, bei LongCovid zu fasten. Und tatsächlich, eine renommierte Fastenklinik hatte es bereits getestet und erzählte von guten Ergebnissen. Dass ich viel zu schwach war, zu so einer Fastenklinik zu kommen, war von vorneherein klar. Aber jetzt fand ich: nichts zu essen bekommen, das geht auch Zuhause.

Ich hätte in der Situation gern jemanden um Rat gefragt, der sich auskennt. Jemand, der weiß, worauf so geschwächte Menschen wie ich dabei achten sollen. Jemand, der mal vorbei kommt und Blutdruck misst, oder sonst irgendwas tut, was bei mir den Eindruck hinterlassen hätte, ärztlich gut versorgt zu sein. Und gleichzeitig wusste ich: Wenn meine Ärztin bei einer Nachfrage bedenklich den Kopf wiegt und abrät, fehlt mir die Kraft für eine Zweit- oder Drittmeinung – und dafür, es trotzdem zu tun. Also hab ich niemanden um Rat gefragt.

Donnerstag, zwei Tage nach dem Friseurbesuch, gab es mittags das letzte Mal etwas zu essen. Samstag hob sich zum ersten Mal ganz leicht der Nebel im Kopf. Genau eine Woche nach dem Friseurbesuch wollte ich unbedingt auf eine Beerdigung gehen. Am Tag vorher bemerkte ich, dass ich mir keine Sorgen machte. Ich würde diese Beerdigung ohne Crash überstehen, und das, obwohl die Anthroposophen für ihre Beerdigungen im Schnitt doppelt so lang brauchen wie alle anderen Konfessionen. Und so war es auch. Ich habe die Beerdigung besser verkraftet als den kurzen Besuch bei der Friseurin.

Nach einer Woche war es vorbei mit dem Fasten. Wer fastet, soll sich bewegen. Sonst findet der Körper, dass er von Muskeln leben kann. Ich aber kann mich nicht entsprechend bewegen. Der Kreislauf leidet unter dem Fasten, die Muskeln schmerzen. Aber der Nebel im Kopf hat sich deutlich gelichtet, und die bleierne Erschöpfung setzt seit dem nicht schon bei der Haustür ein, sondern erst, wenn ich mit dem E-Bike den Fünfkilometerradius ums Haus überschreite.

Seit dem experimentiere ich mit Fastenzeiten: stundenweise, tageweise, wochenweise. Mir hilft es, aber es ist nicht das Wundermittel, als das es die Fastenklinik in ihrem Video beschrieb. Das wird auch daran liegen, dass deren Probanden in einem deutlich besseren Allgemeinzustand bei ihnen ankommen, als ich es bin. Ich würde ja nicht einmal die Anreise hinbekommen. Gefühlt mache ich pro Fastentag knapp einen Prozentpunkt Leben gut. Da ich aber bei nur einem Prozentpunkt Lebensqualität begonnen habe, wird's schwierig. Ich kann schlecht 99 Tage am Stück fasten, und zwischen dem Fasten muss ich zu neuen Kräften kommen. Deswegen ist das Projekt „gesund werden mit Hilfe von Fasten" langfristig angelegt. Jetzt freue ich mich über jedes Coronapfund, das ich mir in weiser Voraussicht angefuttert hatte! Aber die Pfunde werden nicht reichen. Meine aktuelle Hochrechnung ergibt, dass ich bei gleichbleibenden Bedingungen etwa 25 kg durch Fasten verlieren würde. So viel hab ich dann doch nicht übrig.

Für mich funktioniert der Weg über das Fasten. Aber es ist ein harter Weg. Als verzichte man mit LongCovid nicht schon auf genügend andere Dinge. Es wäre deutlich angenehmer, wenn etwas anderes helfen könnte – Schokolade zum Beispiel.

Der Weg über das Fasten steht nicht jedem Menschen offen. Nicht jeder hat sich Coronaspeck angelegt, einige haben schon vorher Essstörungen. Andere sollen ihre Unmengen an Medikament, die LongCovid ihnen beschert hat, nur auf vollen Magen nehmen.

Ich wünsche mir Fastenkliniken mit gut ausgebildeten Ärzten und Ärztinnen, die folgende Marktlücke entdecken: Ich melde mich zu einer Fastenwoche im „Homeoffice" an, weil Reisen zu anstrengend ist. Die Fastenklinik sagt mir vorher, welche medizinischen Werte meine Hausärztin für sie erheben soll und berät mich medizinisch. Ich bekomme aus der Klinik ein Paket, das alles enthält, was ich in meinem geschwächten Zustand zum Fasten brauche, inklusive Gemüsebrühe.

Vormittags um 11 Uhr gibt es eine Videosprechstunde mit einem Facharzt oder einer Fachärztin, und nachmittags gibt es eine Gruppentherapie-Sitzung.

Freedom-Day

Es ist Sonntag Morgen, 27. Februar. Meine Frau ist über das Wochenende mit dem Wohnmobil verreist. Ein sichtbares Zeichen dafür, dass ich nun nicht mehr ganz so elend auszusehen scheine. Sonst hätte sie sich nicht fortgetraut. Sie glaubt also daran, dass ich es zwei Tage lang schaffen werde, morgens, mittags und abends wenigstens eine winzige Runde mit der Hündin zu gehen.

Auch für mich ist es ein besonderer Tag. Die Sonne scheint, und ich gehe los. Wir wohnen direkt neben einem Park mit kleinem Badesee. Schon nach 100 Metern kann man entscheiden: kleinste Runde oder an den See. Ich entscheide mich, bis an den See zu gehen. Es ist die erste ganz freie Entscheidung des Jahres. In alle anderen Entscheidungen musste die Krankheit einbezogen werden: Wenn ich am Mittwoch auf den Markt gehen will, muss ich am Dienstag Pause machen. Wenn ich am Geburtstag mittags essen gehen möchte, darf ich die zwei Tage davor und danach nichts vorhaben. Und nun entscheide ich einfach so, noch an den See zu gehen. Das macht mich so glücklich, dass ich gleich noch eine Entscheidung fälle: am See kann man noch um den Sportplatz gehen. Fast eineinhalb Kilometer Weg entscheide nur ich allein! Mich überkommt ein unbändiges Gefühl von Freiheit.

Am Sportplatz lasse ich die Hündin, eine kurze Minute Kunststückchen machen: durch meine Beine Slalom laufen. Sie liebt das Spiel, zumindest wenn es dafür was zu essen gibt. Und ich freue mich ebenfalls und lache auf. Dann stutze ich: Das war die erste Minute des Jahres, in der die Krankheit überhaupt keine Rolle spielt. Nur meine Hündin und ich, und unsere Lust am Spiel. Tränen des Glücks laufen mir über die Wangen.

Es ist auch erst einmal die letzte Minute Freiheit, denn der Weg nach Hause ist weit, sicher noch 500 Meter!

Am Nachmittag setze ich noch eins drauf: ich möchte es einmal ganz um den See schaffen: Fast zwei Kilometer zu Fuß. Die Hündin begleitet mich. Ich mache langsam, es müssen ja Kräfte bleiben für den Rückweg. Senioren und

Seniorinnen überholen mich mit ihren Rollatoren. Mir kommen Zweifel, ob ich den Rückweg schaffe. Warum habe ich nicht wenigstens das Fahrrad mitgenommen?

Auf der anderen Seite des Sees ist eine Bank in der Sonne. Dort sammle ich Kraft für den Rückweg. Vor Freude laufen mir die Tränen übers Gesicht. Aus eigener Kraft bin ich bis hierher gekommen! Ich kann mich nicht erinnern, wann ich das letzte Mal so glücklich war.

Tränen des Glücks

Als es mir am Schlechtesten ging, gab es keinen einzigen Lebensbereich, über den ich noch selbst bestimmen konnte. Von der Arbeits- und der Freizeitwelt war ich abgeschnitten. Sich auf ein Buch zu konzentrieren war ausgeschlossen. Die Filmauswahl musste meiner geringen Auffassungsgabe angepasst werden. Selbst, wann und ob ich etwas zu essen machen konnte, oder wann ich unter die Dusche ging, entschied die Krankheit. Wenn ich einen kleinen Termin unbedingt wahrnehmen wollte, habe ich mich den Tag vorher geschont, und den Tag danach nichts eingeplant.

Mit jedem Bisschen, das wieder geht, merke ich, wie eine Last von mir abfällt. Und bei jeder kleinen Last, die abfällt, weine ich Tränen des Glücks. Ich heule sonst nie. Aber jede Träne ist zurückgewonnene Freiheit, ist abgefallene Last. Es verblüfft mich oft selbst, weshalb man alles in Freudentränen ausbrechen kann. Aber sie zeigen mir: Die Last war viel größer, als mir bewusst war. Gründe für Freudentränen gibt es viele. Hier eine kleine Auswahl:

- Zum ersten Mal an etwas anderem zu scheitern als an fehlender Belastbarkeit.

- Zum ersten Mal auf einer anderen Bank sitzen und sich etwas anderes anschauen.

- Zum ersten Mal auf einen kleinen Hügel radeln und in die Weite schauen.

- Zum ersten Mal mit anderen singen.

- Zum ersten Mal in einen Gottesdienst gehen.

Wie im Escaperoom

Kurz vor der Pandemie war ich mit meinen Nichten und Neffen im Escaperoom. Wir haben uns also in einen Raum einschließen lassen, den man nur verlassen kann, wenn man vorher einen Haufen Rätsel gelöst hat. Da wir alle zum ersten Mal im Escaperoom waren, und auch nicht auf Grusel stehen, haben wir uns für eine harmlose Rahmengeschichte entschieden. Unsere Aufgabe war es, die Katze daran zu hindern, den Kuckuck in der Schwarzwalduhr zu fressen, oder so etwas in der Art.

Wir bekamen die Grundlagen erklärt: Überall im Raum sind Gegenstände platziert, und einige davon sind Hinweise, mit deren Hilfe man Zahlenschlösser öffnen kann. Hinter den Zahlenschlössern lauern neue Hinweise, mit denen man wieder neue Zahlenschlösser knacken kann. Der diensthabende Student würde uns über einen Bildschirm Tipps geben, wenn wir gar nicht weiter kämen.

Wir machten uns an die Arbeit. Gegenstände fanden wir ohne Ende, aber die meisten waren nur Deko. Schließlich fanden wir auch die Rätsel, aber zum Lösen brauchten wir die Grundrechenarten „addieren" und „subtrahieren". Da hatten wir alle unsere Defizite. Ich war in den entscheidenden Jahren der Schulbildung auf der Waldorfschule, und meine Nichten und Neffen auf einer freien Schule, auf der man statt zu rechnen darüber diskutiert, ob man das überhaupt noch braucht.

Der Student muss sich im Überwachungsraum die Haare gerauft haben, und gab uns einen Tipp nach dem Anderen. Nach der Hälfte der Zeit hatten wir vielleicht zwei Schlösser geknackt. Dazu wurde uns langsam klar, wie viele weitere Schlösser noch kommen. Erste Hochrechnungen ergaben, dass wir übernachten müssten, wenn wir das alles selbst knacken wollten. Die Stimmung drohte zu kippen.

Irgendwann hatten wir den Dreh doch raus. Ein Schloss nach dem anderen wurde geöffnet, und drei Minuten vor Ablauf der Zeit öffneten wir zur Verblüffung aller von innen die Tür und traten in die Freiheit.

So etwa fühlt sich der Weg von LongCovid zurück in die Freiheit an.

Man ist gefangen und hat keine Ahnung, was man machen soll. Die erste Aufgabe ist, Hinweise von Deko zu unterscheiden. Jeder Mensch denkt, irgendwelche Ratschläge geben zu sollen, Jeder behauptet zu wissen, was das Beste für einen wäre. Aber die meisten Ratschläge erweisen sich dann doch als Deko.

Dann öffnet man das erste Schloss – völlig begeistert, dass man es geschafft hat. Man fühlt sich der Freiheit ein deutliches Stück näher. Aber vor allem hat man einen neuen Hinweis auf ein neues Schloss. Ich erinnere mich an meine Begeisterung, als ich zum ersten Mal auf einen kleinen Hügel geradelt bin. Oben angekommen, weinte ich vor Glück: auf einem Hügel stehen, in die Weite schauen! Gleichzeitig schnaufte ich wie eine Dampflok und rang nach Luft. Ich hatte das nächste Schloss entdeckt: die Atmung.

Es kommt ein Schloss nach dem anderen. Hat man etwas mehr Luft, begrenzt die Müdigkeit. Wird man etwas wacher, entdeckt man, dass das Gehirn nicht mehr so funktioniert, wie man es gewohnt war. Jedes Schloss, das man öffnet, zeigt nur das nächste. Aber im Gegensatz zum Escaperoom kann niemand einem sagen, wie viele Schlösser noch folgen. Und es holt einen niemand nach einer gewissen Zeit zurück in die Freiheit. Es bleibt einem nichts anderes übrig, als geduldig ein Schloss nach dem anderen zu knacken.

Allzu oft droht die Stimmung zu kippen. Wie sollte es auch anders sein, wenn man über Wochen an ein und dem selben Schloss scheitert. Jedes Schloss hat eigene Regeln. Eines braucht Ruhe, ein anderes Training. Aber welches Training? Kaum hat man die richtige Trainingstechnik gefunden und das Schloss geknackt, will das nächste Schloss wieder Ruhe. Da die gute Laune zu behalten, ist eine Aufgabe für sich.

An einem Punkt aber endet die Analogie. Das erste, das wir im Escaperoom gezeigt bekamen, war der Sicherheitsschlüssel, mit dem wir uns zur

Not hätten selbst befreien können. Direkt danach wurde uns mitgeteilt, dass wir notfalls nach einer Stunde auch von außen herausgeholt werden. Diese beiden entscheidenden Punkte fehlen bei LongCovid. Noch weiß niemand, wo der Notschlüssel ist, und niemand ahnt, ob sich nach einer festgesetzten Zeit die Tür von außen öffnet oder nicht. Genügend Beispiele von Menschen, die seit der ersten Welle festsitzen, gäbe es inzwischen – wenn sie sichtbar wären. Unter diesen Umständen die gute Laune im „LongCovid-Escaperoom" zu behalten, gelingt nur bei äußerst robuster psychischer Gesundheit. Es gibt keine Perspektive und keine Prognose. Manche finden den Weg heraus, andere nicht. Als ich noch lebendig begraben auf dem Sofa lag, erwischte ich mich eines Tages bei dem Gedanken: „wenn du jetzt Krebs hättest, könntest du daran wenigstens irgendwann sterben. Aber wenn diese Krankheit bleibt, musst du mit ihr schlimmstenfalls noch dreißig Jahre leben!"

Viele in den verschiedenen Selbsthilfegruppen berichten von Panikattacken und Angststörungen. Mich wundert das nicht. Wie soll man nicht verzweifeln, wenn hinter jeder noch so kleinen gesundheitlichen Verbesserung ein neues Problem wartet?

Inzwischen gelingt es mir oft, die ganze Krankheit sportlicher zu nehmen. Ich versuche, auf das Geschaffte zu schauen, und nicht darauf, wie viel nicht mehr oder noch nicht wieder geht. Ich suche nach Wegen, ein Schloss nach dem anderen zu knacken. Aber eines steht fest: der „LongCovid-Escaperoom" ist kein Freizeitvergnügen. Ich gebe diesem Escaperoom null von fünf Sternen. Die Rätsel wiederholen sich, und man ist in einer Abofalle gefangen. Ungefragt verlängert sich die Krankheit Monat für Monat.

Kraft für Morgen

Wenn einem Bauern auf einem abgelegenen Gehöft im Winter die Vorräte ausgehen, hat er vielleicht folgende Wahl: Entweder isst er das Saatgut auf, überlebt deswegen den Winter, hat dann aber nichts um es für die kommende Zeit auszusäen, und wird deswegen später im Jahr verhungern. Oder er versucht, hungernd durch den Winter zu kommen, und kann, falls er überlebt, im Frühling aussähen.

Saatgut für Morgen übrig lassen gilt auch für mich. Fast ein Drittel meiner Kraft am Tag brauche ich für Morgen. Wenn ich abends nur 70% meiner Tageskraft verbraucht habe, dann wächst meine Kraft langsam, und ich kann am nächsten Tag wieder neu über 70% verfügen. Verbrauche ich aber mehr, habe ich in den nächsten Tagen deutlich weniger Kraft zur Verfügung, manchmal sogar gar keine. Ich habe kein „Saatgut" für Morgen übrig gelassen und muss hungern.

Mein Anteil an Krankheit und Genesung

„Wir wissen noch nicht, warum manche Menschen so viel länger brauchen als andere, gesund zu werden", wird meine Ärztin nicht müde zu sagen. Und sie gibt damit den Forschungsstand erschütternd exakt wieder. Warum es mich getroffen hat, und andere nicht, wissen wir (noch) nicht. Von welcher Vorerkrankung oder Disposition ich eventuell nichts ahne, wissen wir nicht. Ob ich mit meinem Lebensstil einen aktiven Beitrag geleistet habe, wissen wir nicht. Das ist zum jetzigen Zeitpunkt Spekulation.

Ich weiß aber, was ich tun und lassen muss, damit es mir morgen besser oder schlechter geht. Das gilt für mich. Ob es für andere gleichermaßen gilt, weiß ich nicht. Was ich hier beschreibe, scheint mir aber halbwegs verallgemeinerbar zu sein.

- **Der Weg zwischen Infektion und Crash:** Im Moment gibt es die Theorie, dass LongCovid bei denen ein besonders leichtes Spiel hat, die sich nach der Infektion wieder belasten, bevor sie ernsthaft belastbar sind. Wer sich nach der Infektion aus dem Verkehr nimmt bis er wieder vollkommen fit ist, hat bessere Chancen, LongCovid nicht zu entwickeln. Der Druck unserer Gesellschaft, möglichst schnell wieder leistungsfähig zu sein, trägt – wenn diese Theorie stimmt – massiv zur Ausbreitung von LongCovid bei.

- **Druck rausnehmen:** In die Filialen einer bekannten schwedischen Möbelhauskette kommt man oft nur durch diese lästig-langsamen elektrischen Drehtüren. Manche bremsen zusätzlich ab, wenn man zu schnell durchgehen möchte. Dann muss man anhalten und zurücktreten, damit die Tür sich bequemt weiter zu gehen. Wenn man aber statt dessen gegen die Tür drückt, blockiert sie, und ein Techniker muss kommen. Ich finde das ein passendes Bild für den Umgang mit LongCovid: Wenn man sich auf die unendliche Langsamkeit einlässt, kommt man stückchenweise voran. Wenn man drängelt, muss man noch mal zurück treten. Und wenn man gar

Druck ausüben will, blockiert alles und nichts geht mehr.

- **Schneller erschöpft sein:** klingt paradox bei einer Krankheit, bei der man sowieso schon viel schneller erschöpft ist als andere Menschen. Was ich meine: In der Situation selbst bekomme ich oft nicht mit, dass ich mich gerade überlaste. Das merke ich erst später – wenn ich am nächsten Tag immer noch nicht wieder aufstehen kann. Ich lerne, immer früher Erschöpfung zu erkennen – und darauf zu hören! Zuerst habe ich gelernt, Crashs auf die Minute genau zu verhindern. Dann wurde mir klar, dass „die letzte Minute vor dem Crash" auch schon viel zu spät ist, Erschöpfung zu merken. Wenn ich mir zugestehe, bereits auf die leiseste Müdigkeit zu hören, erhole ich mich am besten.

- **Pause heißt Pause:** Meine schwerste Übung! Bisher hieß „Pause" bei mir, „mal etwas anderes" zu machen: kurz ans Klavier sitzen, im Garten zwischen den

Tomaten ein paar Unkräuter rausreißen, schon mal das Essen aufsetzen oder ein Buch lesen. Jetzt sind Pausen nur dann wirkungsvoll, wenn es mir gelingt, wirklich nichts(!) zu tun. Die Augen geschlossen vor mich hin atmen. Das ist so gar nicht meine Welt. Deswegen gelingt es mir auch nur manchmal.

- **Augen und Ohren zumachen:** Ich brauche bewusst Zeiten, in denen ich nichts von außen aufnehme. Meine Frau weiß: wenn ich die Ohrschoner aufhabe, werde ich nicht angesprochen – ungefähr so, wie man Raucher nicht in der Zigarettenpause stört.

- **Bewusst atmen:** Die Hände auf den Bauch, in den Bauch einatmen und nach kurzer Pause lange ausatmen.

- **Wald statt Stadt:** Rausgehen heißt, in die Natur gehen. Dort ändern sich die Bilder viel langsamer als in der Stadt, und die

Geräusche sind angenehmer. So trägt der Wald zur Erholung bei – vor allem da, wo wenig andere Menschen sind. Jetzt, während der Wiedereingliederung, suche ich mir sogar zum Arbeiten oft eine Bank an einer Lichtung. Wenn mir der Kopf brummt, schaue ich hoch und in die Natur. Da wird die Pause automatisch zur echten Pause.

- **Shiatsu:** mir hilft Shiatsu besonders dabei, mit der Krankheit und dem nur quälend langsamen Fortschritt klar zu kommen.

- **Fasten:** Es ist keine Wunderwaffe, aber für mich macht es den Unterschied hin zur Lebensqualität trotz Krankheit. Aber mehr Spaß hätte ich, wenn sich die Situation durch Schokolade verbesserte.

- **Klarheit in der Kommunikation:** Ich lerne gerade, sowohl bei der Wiedereingliederung als auch im Freundeskreis von Anfang an zu kommunizieren, wie viel Kraft ich habe. „Nach eineinhalb Stunden schmeiß ich dich wieder raus", habe ich neulich meinem Neffen mitgeteilt. Und nach einer Stunde fünfzehn: „jetzt werde ich erschöpft". Auch auf Arbeit teile ich mit: „jetzt haben wir noch zehn Minuten Zeit." Je besser es mir geht, desto schwieriger wird das allerdings. Anfangs war klar: „wenn wir jetzt nicht Schluss machen, klappe ich für Tage zusammen." Jetzt bedeutet es „nur noch": „wenn wir jetzt nicht Schluss machen, hab ich eventuell morgen deutlich weniger Kraft." Trotzdem muss die limitierte Kraft weiter gut geplant eingesetzt werden.

- **Humor:** An dieser Krankheit kann man verzweifeln: die Hilflosigkeit der Ärzteschaft, die eigene Kraftlosigkeit, die engen persönlichen Grenzen! Wegen dieser Krankheit kann man den Humor verlieren, angesichts von Zusammenbrüchen nach lächerlichen Kleinigkeiten. Man kann den Humor verlieren – man ist aber nicht dazu verpflichtet!

Unbekannte Zukunft

Der Antrag auf Wiedereingliederung ist gestellt: zwei Monate 25%, zwei weitere 50%, noch zwei weitere 75%. Im Antrag steht, es sei damit zu rechnen, dass ich danach wieder ganz einsatzfähig sei. Dieser Satz steht allerdings nur deswegen so da, weil er zu einem Antrag auf Wiedereingliederung gehört. Tausende Menschen mit gleichem Krankheitsbild erreichen ihre volle Arbeitsfähigkeit nicht zurück. Und auch bei mir ist das alles andere als gewiss.

Seit April bin ich also in Wiedereingliederung. Zwei Monate soll ich 25% arbeiten, also etwa zehn Stunden in der Woche. Aber was kann man zehn Stunden in der Woche arbeiten, wenn man sich nicht länger als vielleicht eine halbe Stunde am Stück konzentrieren kann? Normalerweise arbeite ich mit Menschen, führe lange Gespräche und leite Gruppen. Wie soll man zehn Stunden arbeiten, wenn man nicht mal verlässlich sagen kann, zu welcher Tageszeit man fit genug zum Arbeiten ist? Wenn man wichtige Termine am Tag vorher schon berücksichtigen muss, damit man sich nicht überanstrengt? Wenn man sich nach wenigen Minuten wünscht, man könne den Kopf irgendwo anlehnen, weil einem schwindlig wird? Wenn viele Menschen, die durcheinander reden, einen vollkommen überfordern? Alles, was meine Arbeit ausmacht, dauert länger als meine Belastbarkeit und Konzentrationsfähigkeit.

Mit der Dienstvorgesetzten, die ihre Sache sehr gut macht, haben wir einen kleinen Bereich gefunden, bei dem ich neun der zehn Arbeitsstunden zuhause arbeiten und Pausen machen kann, wann ich will. Vermutlich habe ich seit dem Examen vor über 20 Jahren nicht mehr so viel Zeit zur Vorbereitung eingeplant wie es die Vorgesetzte und ich nun für die Wiedereingliederung tun. Aber ich ahne, dass die Zeit nicht zu üppig bemessen ist.

Zwei Wochen habe ich Zeit, die ersten zwei kleinen Vorträge vorzubereiten. Ich beginne hoch motiviert, hole mir Blatt und Stift und suche mir einen Platz, an dem man den Kopf gut anlehnen kann. Nun sitze ich da und denke: „Du sollst auf dieses Blatt jetzt was draufschreiben. Aber was? Was ist das Thema? Dazu gibt es was zu sagen?"

Schnell wird klar: diese zwei ersten Einsätze dienen allein meiner eigenen seelischen Erbauung – dass ich es nach über drei Monaten Zwangspause immerhin schaffe, körperlich anwesend zu sein und in vollständigen Sätzen zu sprechen. Die zuhörenden Menschen können sich höchstens daran erfreuen, dass sie mich wieder sehen, nicht aber an dem, was ich zu sagen habe.

Zwei Tage vor dem ersten Termin hätte ich am liebsten hingeworfen. 10 Tage bin ich ausschließlich mit meinem Scheitern konfrontiert. Ich will einen klaren Gedanken fassen, aber alle Gedanken flutschen weg. Einfachste Texte, die ich seit Jahrzehnten auswendig kann, schlage ich nach, weil ich sie nicht mehr zusammen bekomme. Alles schreibe ich mir vorsichtshalber auf, weil ich mir nicht mehr zutraue, irgendetwas frei zu formulieren.

Nachmittags bin ich beim Shiatsu. Und während ich auf mir „herumdrücken" lasse, kommen mir zwei verschiedene Bilder: Die Erinnerung an den Winter, als ich das Gefühl hatte, im Körper einer Barbiepuppe unter fünf Metern Schnee begraben zu sein, und die Erinnerung an alles, was ich in den vergangenen zwei Wochen erlebt und erledigt habe. Was für ein Unterschied.

Die beiden Einsätze am Wochenende sollen für mich ein kleines Etappenfest sein, mehr nicht. Sie müssen noch nicht meinen sonstigen Qualitätsansprüchen genügen. Ich bin vielleicht erst 20 Prozent dessen, was ich einmal war. Aber immerhin 20 Prozent!

Am Donnerstag Nachmittag stehen beide Vorträge fertig auf dem Papier, der für Freitag und der für Sonntag – zum ersten Mal in meinem Leben bin ich so früh fertig. Im Sinne meines alten Lebens bin ich nicht zufrieden. Aber das neue Leben hat neue Regeln. Und dazu gehört, gnädig mit sich selbst zu sein.

Mein erster freier Tag

Es ist Samstag. Am Tag zuvor habe ich meinen ersten Vortrag gehalten, am Sonntag wird der zweite folgen. Alles ist fertig vorbereitet. Meine Frau ist in den Urlaub gefahren. Ich bin allein zuhause und habe genügend Kraft, mir aus allen bereits zurück erkämpften Möglichkeiten eine auszusuchen: eine kleine Runde Spazieren gehen? In ein Restaurant gehen? Ich könnte sogar eine neue Kleinigkeit versuchen und jemanden zum Kaffee besuchen?

Bis dahin habe ich gefragt: reicht heute die Kraft, etwas zu erleben? Und wenn ja: für was reicht denn die Kraft?

Und jetzt habe ich zum ersten Mal die freie Wahl im Rahmen meiner bescheidenen Möglichkeiten. Ich kann mir aussuchen, was ich machen möchte. Was für eine Freiheit!

Den Vormittag verbringe ich mit Plänemachen. Wen kann ich denn mal besuchen gehen? Viele wohnen nicht in dem Radius, den ich bewerkstelligen kann. Oder doch lieber zu Fuß irgendwohin gehen? Oder auf irgendeinen Hügel kommen? Jemanden einladen und ich werfe die Eismaschine an?

Am Ende mache ich das, was ich auch schon in der dunkelsten Zeit ab und an geschafft habe: eine kleine Runde mit dem E-Bike. Sie führt mich zu einer sonnenbeschienen Bank am Waldrand mit Blick auf eine Lichtung. Ende Februar waren meine Frau und ich schon einmal dorthin gefahren. Es war eine der ersten Touren zu einem neuen Ziel. Auch damals hatten wir dort einen mitgebrachten Kaffee aus der Thermoskanne getrunken. Meine Frau hatte ein Foto von mir gemacht: müde, aber glücklich, an einem neuen Ort zu sein, eingehüllt in eine dicke Decke, tiefdunkle Ringe unter den Augen. Sie hatte das Foto später einer Freundin geschickt, die zurück schrieb, wie sehr sie sich freue, wenn es mir jetzt bald besser ginge.

Zwei Monate später sitze ich also immer noch auf der gleichen Bank.

Und dennoch ist es ein himmelweiter Unterschied. Ich werde von diesem Ausflug müde nach Hause kommen, aber nicht vollkommen erschöpft und kurz vor den Zusammenbruch. Die „Alarmstufe rot" ist jedenfalls bei diesem Ausflug weit weg. Natürlich wäre es immer noch ein Leichtes, sie zu erreichen. Aber ich kann diese Bank erreichen und werde zwar müde aber glücklich nach Hause zurück kehren. Ich fahre zu dieser Bank, obwohl es mir so wichtig ist, am nächsten Tag zu „arbeiten"! Ich habe die Sicherheit, dass beides geht: Radrunde und „arbeiten".

Ich sitze ganz in Ruhe auf der Bank und blicke nach vorne und nach hinten: Vieles ist erreicht, die deutlich längere Strecke liegt noch vor mir. Ich habe keine Ahnung, wie der morgige Tag verlaufen wird. Ich weiß nicht, was nächstes Frühjahr sein wird. Wird die Wiedereingliederung gelingen? Werde ich wieder arbeiten können? Welche Rückschläge werden noch kommen? Was wird es bedeuten, wenn ich mich ein weiteres Mal anstecken werde? Welche Langzeitfolgen werden bleiben?

In dieser kleinen Stunde auf der Bank am Waldrand treten diese Fragen in den Hintergrund. Morgen ist morgen. Jetzt aber scheint die Sonne und ich genieße die 20 Prozent Lebenskraft, die ich zurück gewonnen habe. In diesem Moment ist es gut so wie es ist. Ich lebe. Es ist noch ein kleines und schwaches Leben, aber es ist mein Leben. Und jetzt auf der Parkbank ist dieses schwache und eingeschränkte Leben ein riesengroßes Geschenk.

NACHWORT:

MEINE WUNSCHLISTE

LongCovid wird unsere Gesellschaft verändern. Ein nicht unbeträchtlicher Teil der Menschen wird aus dem gesellschaftlichen Leben aussteigen, wenn auch nicht freiwillig. Viele werden langfristig gar nicht arbeiten, und noch viel mehr sind nach der Arbeit zu erschöpft, sich mit Freunden auf ein Bier im Restaurant zu treffen, eine Party zu besuchen oder ein Konzert. Die Zahl derer, die nicht zu ihrem alten Leben zurückkehren können, ist bereits jetzt groß, und wird mit jeder zukünftigen Welle höher. Das wird auch wirtschaftliche, politische und soziale Folgen haben.

Wenn wir uns als Gemeinschaft nicht damit abfinden wollen, dass Menschen aus der Öffentlichkeit verschwinden, muss sich die Gesellschaft ändern. Dies hier ist meine ganz persönliche, keineswegs vollständige Wunschliste an die Gesellschaft, damit auch ich als chronisch kranker Mensch einen Platz im öffentlichen Leben einnehmen kann:

Meine Wünsche an die Politik

1. Forschungen und Forschungsgelder

Dass wir die ganze Krankheit Covid19 in der kurzen Zeit noch nicht verstehen, ist verständlich. Und in manchen Bereichen der Krankheit legt die Forschung ein verblüffend schnelles Tempo vor. Beim Thema LongCovid aber scheint vorerst noch ein blinder Fleck vorzuherrschen. Das fängt schon damit an, dass noch nicht einmal erfasst ist, wie häufig es die Krankheit überhaupt gibt. Noch immer gelte ich z.B. in der offiziellen Statistik des RKI als „milder Verlauf" und als „genesen", denn ich war nie im Krankenhaus und habe überlebt. Es gibt keine einheitlichen Diagnosen. Viele werden stattdessen auf andere Krankheiten hin behandelt, oft auf Depressionen. Es gibt für viele der über 200 Symptome von LongCovid keinerlei Pläne, wie man sie heilen könnte. Für einige sind inzwischen wenigstens Ideen da, wie man sie lindern kann. Vielversprechenden Ansätzen wie Druckkammern oder Blutwäsche fehlt es an der wissenschaftlichen Erforschung. Die Krankenkassen freut es. So brauchen sie die Kosten nicht zu übernehmen.

2. Existenzielle Sicherheit

LongCovid braucht bisher vor allem eines: Zeit! Aber woher sollen sich Menschen diese Zeit nehmen, wenn sie nach sechs Wochen Krankengeld beziehen und ihre Mieten oder Hausraten nicht mehr bezahlen können? Wie soll man die Ruhe finden, die man braucht, wenn inzwischen der eigene Betrieb mit Angestellten bankrott geht?

Unser System ist in keiner Weise auf Langzeitkranke eingerichtet. Nur die Wenigsten sind wie ich als Beamte relativ gut abgesichert.

3. Neue Wohnformen

Noch weiß ich nicht, was aus mir wird. Sollte die Wiedereingliederung nicht gelingen, muss ich über kurz oder lang aus meiner Dienstwohnung ausziehen. Dann fände ich es schön, es gäbe Wohnhäuser für Familien, in denen ein Teil der Familie erkrankt ist, und ein Teil gesund. Wir Kranken legen uns zusammen still in den Ruheraum, und kommen uns nicht mehr ganz so allein mit unserer Krankheit vor. Und die Gesunden können sich ebenfalls zusammentun, sich austauschen, sich stärken, miteinander Ausflüge machen.

4. Neue Hilfsformen

Wer kaum aus dem Haus kommt, kann keine Hilfsangebote annehmen. Neulich habe ich an einer Umfrage teilgenommen, was für Hilfen ich mir bei LongCovid wünsche. Komplett alle Vorschläge, die ich ankreuzen konnte, sahen vor, dass ich das Haus verlassen und eine Praxis aufsuchen kann. Das geht an der Lebenswirklichkeit sehr vieler LongCovid-Patienten vollkommen vorbei. Man würde einen Crash provozieren, um zu lernen, wie man ihn hätte vermeiden können. Hier müssen neue Konzepte her: Beratung per Videosprechstunde zum Beispiel.

Hilfen müssen ins Haus kommen.

Es braucht Menschen, die bei Papierkram helfen. Viele von uns sind schon überfordert, den Antrag auf Reha zu stellen. Umso mehr sind wir es, wenn die Krankenkasse gewohnheitsmäßig den Antrag ablehnt und erwartet, dass man gegen die Ablehnung einlegt.

5. Amtsärzte und Krankenkassen sensibilisieren

Die Aufgabe von Amtsärzten und Krankenkassen war bisher, zu überprüfen, ob die Menschen nicht vielleicht doch arbeiten können, wenn man sie ein bisschen fördert und fordert. Bei vielen Krankheiten ist das sicher auch nicht verkehrt. Bei LongCovid kann so ein Anschieben und Antreiben zum falschen Zeitpunkt aber genau das Falsche sein. Trifft dieses Treiben auf einen Menschen, der sich ebenfalls treibt, ebenfalls nicht akzeptiert, dass er Ruhe braucht, sorgt jeder Arbeitsversuch nur dafür, dass sich die Situation verschlimmert und die Besserung in weite Ferne rückt.

6. Hilfen für Angehörige organisieren

Neben den Erkrankten tragen im Moment die Angehörigen die Hauptlast. Während ich wenigstens ab und an zur Ärztin gehen kann, die mich dann ernst und traurig anschaut, weil sie mir nicht helfen kann, während ich eines Tages vielleicht kurfähig bin und für vier Wochen an die

See fahren kann, ist für meine Frau wenig an Hilfe vorgesehen. Auch Angehörige brauchen Unterstützung!

Meine Wünsche an alle medizinisch und therapeutisch Tätigen

1. Ernst nehmen

Meine Ärztin mach ihre Sache ganz gut, dafür, dass sie mit einer Krankheit konfrontiert ist, von der wir im Prinzip kaum etwas wissen. Sie glaubt mir, dass ich nicht kann, und schreibt mich krank. Sie belastet mich nicht mit Untersuchungen, die nichts Hilfreiches bringen. Sie ermutigt mich zu Geduld.

Wie sie gibt es viele andere wunderbare Ärzte und Ärztinnen. Aber es gibt auch andere. Kein Tag vergeht, an dem nicht in Selbsthilfegruppen erzählt wird: „mein Hausarzt sagt, ich stelle mich an" oder „meine Hausärztin sagt, bei mir ist alles in Ordnung". Zu dem Leiden unter den entsetzlichen Symptomen kommt das Leiden darunter, nicht ernst genommen zu werden. Wenn selbst der eigene Arzt, die eigene Ärztin einen für einen Simulanten hält, nagt das am Selbstbewusstsein und verletzt zutiefst.

2. Einarbeiten und bremsen

Liebe Ärzte und Ärztinnen, liebe Therapeutinnen und Therapeuten,

lest euch ein in das bisschen Wissen, was es bereits gibt. Und gebt euer Wissen dann auch weiter! Werdet bei Erschöpfungssyndrom und bei Belastungsstörung zur Bremse! Bei anderen Krankheiten seid ihr Motivator! Jetzt motiviert zum Bremsen!

In den Selbsthilfegruppen erzählen viele, wie sie von einem Facharzt zur nächsten Fachärztin rennen. Der Lungenfacharzt stellt nichts fest, die Neurologin findet nichts, die Herzspezialisten auch nicht. Ich denke mir dann manchmal: „Wäre es nicht besser, die Hausärztin hätte dieses Ergebnis vorher schon gespoilert, und die Betroffenen hätten die Energie für die Fachärzte gespart und sich ausgeruht?" Das kann ich natürlich nicht fachlich beurteilen. Aber ich persönlich bin ganz erleichtert, dass meine eigene Hausärztin mich nicht auf die Reise durch sämtliche Fachbereiche geschickt hat.

3. Arbeitsformen ändern

Plötzlich nichts mehr hinzubekommen ist eine traumatische Erfahrung. Irgendwann werde ich vielleicht fit genug sein, dass ich mir eine psychotherapeutische Aufarbeitung zutraue: Beantragen, Listen abtelefonieren, zur Therapeutin hinkommen, eine volle Stunde konzentriert genug sein, an einer Therapiesitzung teilzunehmen. Dann werde ich, wie alle anderen, Wochen bis Monate auf einen Platz warten. Vielleicht brauche ich bis dahin gar keine Aufarbeitung mehr?

Gebraucht hätte ich Unterstützung als ich auf dem Sofa verzweifelt bin. Und wahrnehmen hätte ich so eine Unterstützung können, wenn sie leicht zu organisieren gewesen wäre: Drei Klicks im Internet, mehr geht nicht. 20 Minuten per Videosprechstunde ab und an hätten mir vollkommen gereicht.

Für Menschen, die überlastet sind sowie sie das Haus verlassen, braucht es Hilfe, die ins Haus kommt, in sehr kurzen Einheiten.

Meine Wünsche an Arbeitgeber und Arbeitgeberinnen

Wieder einmal hab ich Glück. Auch meine Arbeitgeberin gibt mir, zumindest vorerst noch, die Zeit, die ich brauche. Wenn meine Wiedereingliederung gelingt, wird es für sie die günstigste Variante gewesen sein. Jedes Drängen hätte die Krankheit nur deutlich verlängert. Ich wünsche mir für alle, die unter LongCovid leiden, dass ihre Chefinnen und Chefs wissen:

- Wir sind nicht freiwillig krank oder machen uns einen lauen Lenz. Viele von uns posten, wenn das Hirn gerade einmal nicht vollkommen umnebelt ist, in den Selbsthilfegruppen: „ich will endlich wieder arbeiten gehen können!"

- Wenn wir zu arbeiten versuchen, brauchen wir eher Bremser als Antreiber! Uns nervt unser Zustand noch mehr als alle anderen. Und wir neigen tendenziell eher dazu, zu viel als zu wenig zu machen.

- Viele von uns können plötzlich Dinge nicht mehr, die vorher Alltag waren. Dazu gehört oft auch: Verantwortung übernehmen. Aufsichtspflicht, schwere Maschinen bedienen oder für schwerstkranke Patientinnen und Patienten sorgen ist ohne Unterstützung keine gute Idee für den Wiedereinstieg. Da brauchen wir Unterstützung.

Meine Wünsche an die Geschäftswelt

Meine Frau und ich waren wohl mal das, was man „gute Kundinnen" nennt: Doppeltes Einkommen, keine Kinder. Wir gehen gern in ein gutes Restaurant und wir kaufen zwar nicht viel, aber dafür hochwertig. Jetzt gehe ich als Kundin gerade verloren. Läden sind mir zu laut und zu voll. Und gerade jetzt, wo es mir wieder etwas besser geht, möchte ich mich um keinen Preis der Welt noch einmal anstecken. Mit zwei kleinen Hilfen von Seiten der Geschäftswelt könnte ich weiter „gute Kundin" bleiben:

1. Stille Stunden

Bestimmt gibt es unendlich viele Untersuchungen, dass die meisten Menschen in Kauflaune kommen, wenn man den Einkauf mit Musik zum „Erlebnis" werden lässt. Und sicher sind die Beleuchtungsprogramme zutiefst durchdacht. Für mich sind Musik und jedes blinkende Licht eine absolute Qual. Einkaufen ist seit LongCovid kein Erlebnis mehr für mich, sondern einfach nur Stress. Die vielen Eindrücke gleichzeitig prasseln mir immer noch direkt ins Gehirn. Kein Filter sortiert sie mir in „wichtig" und „unwichtig".

Wenn dann noch Musik dudelt und Reklame blinkt, bin ich völlig am Ende.

Liebe Geschäftsinhaber,

Könnt ihr nicht mal nachschauen, zu welcher Uhrzeit euer Laden sowieso nie richtig ausgelastet ist? Und genau die Zeit nehmt ihr und macht daraus eine „stille Stunde". Ihr stellt die Musik aus, macht das Licht der Reklame aus, vielleicht könnt ihr sogar die Beleuchtung etwas dimmen? Und dann werbt ihr mit der „stillen Stunde"! So eine „stille Stunde" würde übrigens nicht nur die freuen, die an LongCovid leiden. Auch Autisten und Hochsensible fänden das bestimmt ziemlich gut!

2. Maskenbereiche

Je mehr die Anderen sich locker machen, desto weniger bin ich es. Als die Bedienung noch Maske trug und die Tische noch weiter auseinander standen, und als es mir anfing wieder besser zu gehen, sind wir gern auch mal essen gegangen. Jetzt tue ich es nicht mehr.

Liebe Gastronomen:

Wenn ihr Platz habt, vielleicht sogar einen Nebenraum: macht doch den Nebenraum zum Maskenbereich. Versprecht, dass dort jede Bedienung eine Maske trägt. Stellt die Tische dort wieder weiter auseinander. Und wenn ihr dann noch im Nebenraum die Musik ausstellen könntet, wäre ich die erste Kundin.

Meine Wünsche an uns als Gesellschaft

„Spare, lerne, leiste was. Dann hast du, kannst du, bist auch was", hatte meine Mutter auf einem großen Teller stehen, den sie geerbt hat. Er hing bei uns in der Küche an der Wand. Ich fand den Spruch schon als Jugendliche doof und hab den Teller manchmal mit meinem Bruder zusammen abgehängt. Jetzt aber merke ich am eigenen Leibe, wie sehr das Leben mit LongCovid gegen genau diese Werte der Leistungsgesellschaft verstößt. „Du bist, was du leistest", steht nicht nur auf dem Teller meiner Mutter. Es steht in den Gesichtern der Nachbarinnen, die nicht verstehen, warum ich nichts mehr leiste. Es steht auf der Stirn von Betriebsleitern, die ihre Angestellten anschauen. Es steht im Notenheft der Sportlehrerin, wenn sie die Note einer erschöpften Jugendlichen reinschreibt. Es ist in die DNA unserer Gesellschaft hinein verwoben.

Ich, und mit mir Hunderttausende, können nicht mehr mithalten. Unsere Leistung besteht darin, nicht zusammmen zu brechen, wenn wir Dinge tun, die wir früher in wenigen Augenblicken erledigt haben. Wir sind Helden, wenn wir es schaffen,

Pause zu machen und uns gegen die Erwartungen
zu stellen – die fremden und vor allem die eigenen
Erwartungen.

Ich wünsche mir eine Welt, in der wir nicht mehr
nach Leistung bewerten und bewertet werden.
Auch Menschen, die erschöpft auf dem Sofa
liegen, sind und bleiben wertvolle Menschen.

9 783756 219964